Dath | Hegel. 100 Seiten

** Reclam 100 Seiten **

DIETMAR DATH, geb. 1970, ist Publizist, Übersetzer (*Heller als die Sonne* von Kodwo Eshun, 1999), Pop- und Filmkritiker bei der FAZ, Romancier (*Die Abschaffung der Arten*, 2008), Dramatiker (*Die nötige Folter*, 2019), Science-Fiction-Historiker (*Niegeschichte*, 2019), Kommunist (*Maschinenwinter*, 2008) und halbwegs fleißig.

Dietmar Dath

Hegel. 100 Seiten

RECLAM

In Memoriam
Hermann L. Gremliza (1940–2019)
und
Hans Heinz Holz (1927–2011)

2020 Philipp Reclam jun. Verlag GmbH,
Siemensstraße 32, 71254 Ditzingen
Umschlaggestaltung nach einem Konzept von zero-media.net
Druck und Bindung: Kösel GmbH & Co. KG,
Am Buchweg 1, 87452 Altusried-Krugzell
Printed in Germany 2020
RECLAM ist eine eingetragene Marke
der Philipp Reclam jun. GmbH & Co. KG, Stuttgart
ISBN 978-3-15-020559-4

Auch als E-Book erhältlich

www.reclam.de

Für mehr Informationen zur 100-Seiten-Reihe:
www.reclam.de/100Seiten

Inhalt

Wie man zum Geist findet
oder:
Der Sinn in Hegels Unsinn

I must create a system,
or be enslaved by another man's.
William Blake

Dieses Büchlein ist unmöglich

Als das Internet Ende 2019 erfuhr, dass ich gerade damit beschäftigt war, die vorliegende kleine Schrift zu verfassen, ließ jemand bei Twitter einen Schrei los: »Hegel auf 100 Seiten, das geht nicht, das darf nicht, das kann nicht sein!«

Der Schrei ist berechtigt. Ließe das, was Hegel gedacht hat, sich auf 100 Seiten mitteilen, wäre Hegel ein Schwätzer gewesen, er hat ja Tausende von Seiten damit vollgeschrieben.

Hegel war aber kein Schwätzer, also ist die Behauptung, es ginge knapper als auf Tausenden von Seiten, wirklich zum Schreien.

Kurze Einführungen in sein Denken gibt es trotzdem; sogar kürzere als meine. Sie machen oft ein kleines batteriebetriebenes Figürchen aus ihm, das pausenlos immer dasselbe sagt: »These, Antithese, Synthese!« Das heißt, es wird nahegelegt, Hegel habe gern

1. Behauptungen aufgestellt (»These«), diese dann
2. verworfen (»Antithese«) und zum Schluss
3. die ursprüngliche sowie die ihr entgegengesetzte Position zu einer dritten zusammengebacken (»Synthese«), mit der dann alle irgendwie leben können.

So macht's vielleicht der Jugendpfarrer bei der Ansprache auf dem Heavy-Metal-Weihnachtsfest. Hegel macht's nicht so. Bei seinem Zeitgenossen Friedrich Wilhelm Joseph Schelling, von dem noch die Rede sein wird, stellte die eben vorgeführte, häufig »Triade« genannte Abfolge aus Satz, Gegensatz und Synthese das Modell eines jeden Erkenntnisfortschritts dar; Hegel nennt diese Triade 1807 aber ein »äußerliches lebloses Schema«.

Ein leiblicher Nachfahr Hegels, der Mathematiker und Romancier Rudy Rucker, hat sich zwar auf seinen Ahnherrn 2005 im Buch *The Lifebox, the Seashell, and the Soul* (man beachte die schöne Kommasetzung, die das Deutsche nicht kennt) berufen, als er zwei Vorstellungen miteinander und dann mit einer dritten konfrontierte, die nach seinem Willen die ersten beiden überwinden sollte:

1. eine Maschine, die alle Informationen speichern kann, die ein Menschenhirn enthält (»the lifebox«),
2. das Empfinden vieler Menschen, so eine Maschine habe trotzdem »keine Seele« (»the soul«) und schließlich
3. Muster auf Muscheln (»the seashell«), die einerseits regel-

> bestimmt zustande kommen, andererseits aber aus den sehr einfachen Regeln, die sie erzeugen, eine nicht vorhersehbare Komplexität herausholen, wie das der Informationswissenschaftler Stephen Wolfram bei seinen »zellulären Automaten« beschrieben hat.

Rucker nennt den Gedankengang sogar »hegelianisch«, was er aber nur so ganz ungefähr ist. Blöd ist er nicht, und das mag bei Gedanken als Existenzberechtigung genügen.

Wenn nun aber das Schema »These, Antithese, Synthese«, von dem so viele reden, als wäre es der Schlüssel zu Hegel, genau das eben nicht ist, wie man bei Hegel selbst lesen kann: Wovon geht man dann am besten aus, wenn man in Hegels Kopf hineinwill?

Theodor W. Adorno schrieb, man sträube sich nach all dem Unfug, der damit schon getrieben wurde, geradezu, das Wort »Synthese« überhaupt noch

> in den Mund zu nehmen. Hegel braucht es weit seltener, als das von ihm bereits seines Geklappers überführte Schema der Triplizität erwarten lässt. Dem dürfte die tatsächliche Sruktur seines Denkens entsprechen: Es überwiegen die bestimmten Negationen der aus äußerster Nähe visierten, hin und her gewendeten Begriffe.

Das soll sagen: Hegel hat Einzelheiten sehr häufig präzise verneint, um einem Allgemeinen zur Geltung zu verhelfen. In dieser Verneinungsarbeit steckt der »organisierte Widerspruchsgeist«, als den er Goethe gegenüber einmal sein Denken bestimmte. Martin Heidegger geht in Entwürfen einer zu seinen Lebzeiten unveröffentlichten Hegelvorlesung so weit, zu verfügen, es könne überhaupt nur eine »Grundbestimmung der Hegelschen Philosophie, deren Durchdenkung in einen ursprünglichen Standpunkt zurückführt, weil sie von diesem her erst wahrhaft als eine solche erblickt werden kann« geben, die »zugleich dem Durchgearbeiteten des Hegelschen Systems gerecht bleibt«; diese Grundbestimmung sei »die Negativität«.

Dass die Denker Adorno und Heidegger am selben Strang ziehen, hier: an dem des Negativen, kommt selten vor. Adorno hat nicht verheimlicht, dass er von Heidegger sehr wenig hielt, der seinerseits nichts von Adorno wissen wollte. Gemeinsam ist ihnen fast nur, dass man sie häufig »weltanschaulich« liest; ein Preis dafür, dass sie aus dem Seminar hinaus- und in die Gesellschaft hineingedacht haben (Heidegger mit Verachtung für die Masse, die er »das Man« nannte, Adorno mit einer Theorie, die er als umfassende Gesellschaftskritik verstanden wissen wollte). Dass beide im »Negativen« Hegels Wichtigstes sahen, ergibt sich aus ihrem Weltinteresse, das in Negationen dachte: Die Welt hat etwas falsch gemacht und falsch gedacht, sie ist »seinsvergessen« (Heidegger) oder verstrickt in einen »Verblendungszusammenhang« (Adorno). Negativität muss nicht Hegels ganze Wahrheit sein, aber es ist offenbar eine, die man findet, wenn man mit ihm mehr vorhat, als die Prüfungsordnung an der Uni oder der Philosophie-Chat im Netz erlauben.

Wer sich ein Büchlein von 100 Seiten über Hegel kauft, sucht eher Anregung zum Blick durch Hegels Begriffsapparat hindurch auf die Welt als akademische Spickzettel; schon ein ordentliches Begriffsregister für Hegels Werke verbraucht ja mehr Blätter.

Philologisch streng wird es bei mir nicht zugehen; aber sterile Pedanterie und Befangenheit in vornehmer Fachsprache

Holzstich *Bildnis des Philosophen Georg Wilhelm Friedrich Hegel* von Hugo Birkner (1818-1897), aus: *200 Bildnisse und Lebensbeschreibungen berühmter deutscher Männer*, hrsg. von Ludwig Bechstein, Leipzig 1854.

sind ja vielleicht auch hinderlicher als Übermut und Fehldeutung, wenn der Gegenstand ein Philosoph ist, der so plastisch und drastisch geschrieben hat wie der Verfasser der *Phänomenologie des Geistes* da, wo er den Geist mit dem Penis vergleicht, weil Letzterer sowohl zur Zeugung wie zum Wasserlassen geeignet ist:

> Das *Tiefe*, das der Geist von innen heraus, aber nur bis in sein *vorstellendes Bewusstsein* treibt und es in diesem stehen lasst, – und die *Unwissenheit* dieses Bewusstseins, was das ist, was es sagt, ist dieselbe Verknüpfung des Hohen und Niedrigen, welche an dem Lebendigen die Natur in der Verknüpfung des Organs seiner höchsten Vollendung, des Organs der Zeugung, – und des Organs des Pissens naiv ausdrückt. – Das unendliche Urteil als unendliches wäre die Vollendung des sich selbst erfassenden Lebens, das in der Vorstellung bleibende Bewusstsein desselben aber verhält sich als Pissen.

Negativität greift bei Hegel hier bis in die Sprache hinein, die sich vor Ausdrücken für Körperausscheidungen nicht scheut, die nach bürgerlichen Benimmregeln negativ besetzt sind. Die Negativität dieses Bändchens nun besteht in der Vermeidung von Merk- und Lehrsätzen, die mein Publikum bejahen und glauben könnte. Die will ich nicht, und arbeite auch nicht mehrheitlich mit Sätzen Hegels, zu denen ich selbst nicken könnte, sondern lieber bewusst mit dem, was an ihm bei mir und anderen Anstoß erregt, also nach bestimmter Negation verlangt.

Hegel so auslegen zu wollen, dass er »aufgeht«, kann die besten Köpfe in Fallen locken, in denen ihre Deutung ihnen unter der Hand zur Willkür zerfällt. Ich erinnere mich mit Schaudern daran, wie ich erst beim wunderbaren amerikanischen Philosophen Robert B. Brandom in seiner 700-seitigen Rekonstruktion des Argumentationsgangs von Hegels *Phänomenologie* mit dem großen Titel *A Spirit of Trust* (2019) auf die schöne Unterscheidung stieß, das Wort »Verstand« bezeichne bei Hegel den darstellenden und statischen Intellekt, das Wort »Vernunft« dagegen den begrifflichen und dynamischen, woran ich mich tagelang erfreute, weil so viele dunkle Stellen bei Hegel davon heller wurden, bis ich plötzlich in der *Phänomenologie* selbst ein (vom editorischen Kommentar nachgewiesenes) falsches Goethezitat fand, bei dem Hegel ausgerechnet »Verstand« und »Vernunft« vertauscht (für Jagdbegeisterte: Es steht im Abschnitt a. »Die Lust und die Notwendigkeit« im Unterkapitel B. »Die Verwirklichung des vernünftigen Selbstbewusstseins durch sich selbst« im Großkapitel V. »Gewissheit und Wahrheit der Vernunft« des »Vernunft«-Teils der *Phänomenologie*). War Hegel die von Brandom nachgezeichnete Unterscheidung beim Goethelesen auf einmal egal, oder hat er seinen Goethe entstellt, damit der in die Unterscheidung passt? Was ist da passiert?

Man nimmt von solchen Erfahrungen die Mahnung mit: Wenn eine Deuterin oder ein Deuter Hegel klarer macht, muss diese Klarheit nicht zwingend richtiger sein als die Unklarheit vorher war. Die einzige simple Regel für Hegel ist: Es gibt keine simple Regel für Hegel.

In der Konfrontation mit dem, was ich bei Hegel falsch finde oder nicht verstehe, lerne ich erst, wo er gegen meine Vorurteile Recht hat oder wo mein Verständnis Unzulänglichkeiten abbauen muss (was man sofort versteht, ist immer nur, was man schon wusste).

Mein Publikum sollte mich genau so lesen: Wo es das ablehnt, was da steht, wo es denkt: »Also das kann der Hegel doch nicht gemeint haben!«, muss es

1. bei Hegel nachsehen und
2. selbst denken.

So könnte gehen, was nicht geht, Hegel auf 100 Seiten.

Wie ist die Welt gedacht?

Wer sich mit der Geschichte systematischen Denkens befasst, das über Befunde der Einzelwissenschaften hinaus Weltbilder bauen will, stößt irgendwann auf eine Erscheinung namens »Idealismus«. Damit ist hier eine philosophische Richtung gemeint, die glaubt, die Welt wäre Denken. Bevor man darüber lacht, sollte man verstehen, was das heißen soll.

Es gibt mindestens zwei Untergattungen des Idealismus, den subjektiven und den objektiven. Der subjektive lebt davon, dass eine Person, die denkt, nie etwas anderes dabei denken kann als Gedanken. Mehr noch: Wir können nicht wissen, wie oder was etwas ist, das man nicht wissen kann. Aber alles, was man weiß, ist eben Gedanke. Wissen gibt es nämlich gar nicht, wenn es nicht das Vermögen ist, sich an etwas zu erinnern und es in Überlegungen zu verwenden. Jeder Versuch, den Einfall, es gäbe nur Gedanken, zu widerlegen, wird sofort Denkvorgang. Der subjektive Idealist ist davon tief beeindruckt.

Der nächstliegende Einwand dagegen ist der gröbste: Die experimentell ermittelbaren Überlebensregeln für mich, das Subjekt meines subjektiven Idealismus, sind so, dass ich zum

Beispiel sterbe, falls ich lange genug keine Nahrung mehr zu mir nehme. Dann kann ich auch nichts mehr denken. Wer das bestreitet, mag es testen.

»Subjektiv« im Sinne von »willkürlich«, das heißt so, dass einem Subjekt wie mir freistünde, sich alles zurechtzudenken, wie es will, ist das, was ich von der Welt weiß, meist nicht. Die Aussage: »Alles ist (nur) Gedanke.« fügt unter diesen Bedingungen dem, was man beachten muss, bloß eine Art Schnörkel hinzu – als hätte jemand eine Sprache erfunden, in der man an jedes Wort die Silbe »denk« hängt: »Esdenk istdenk eherdenk eindenk albernesdenk Spieldenk alsdenk eindenk seriösesdenk Denkergebnisdenk.«

Da setzt eine andere Spielart des Idealismus an, die objektive. Der objektive Idealismus weiß, was der subjektive auch weiß, nämlich, dass man nichts denken kann als Gedanken. Aber anders als sein subjektiver Bruder erkennt er an, dass es zumindest eine subjektive Untersorte Denken gibt, die nicht einfach denken kann, was sie will. Ich und du gehören dazu.

Der objektive Idealismus folgert daraus aber keineswegs, dass das, was dem Denken Grenzen setzt, etwas anderes wäre als Gedanke. Er folgert stattdessen, dass »Denken« etwas anderes sei als ein beliebiges Subjekt, das von sich meint, es denke. Der objektive Idealismus denkt sich einen Gedankenzusammenhang, der solche Subjekte überwölbt und in sich einbegreift.

Das können Gedanken (eines) Gottes sein. Vielleicht ist es eine Riesen-Rechensumme namens »mathematisches Universum« (so sagen diverse Physikbegeisterte heutzutage). Man kann es auch »Geist« nennen (so sagten diverse Philosophiebegeisterte vor 200 Jahren).

Seinen intellektuellen Höhepunkt und seine reichste systematische Ausarbeitung fand der Idealismus in Deutschland. Der sogenannte Deutsche Idealismus (man schreibt das Adjektiv oft groß, weil die beiden Wörter zusammen einen Begriff bilden) wurde weltberühmt, weil ein Philosoph diesen Höhepunkt erreicht und diese Ausarbeitung geleistet hatte. Sein Name ist Georg Wilhelm Friedrich Hegel.

In dessen Schriften steht neben Einsichten auch schwer verdauliches Zeug, zum Beispiel über die Natur, etwa übers Verhältnis von Materie und Licht. In Hegels *Enzyklopädie der philosophischen Wissenschaften* heißt es:

> Die erste qualifizierte Materie ist sie als *reine Identität* mit sich, als Einheit der *Reflexion-in-sich*, somit die erste, selbst noch abstrakte *Manifestation*. In der Natur *daseiend* ist sie die Beziehung aus sich als *selbständig* gegen die anderen Bestimmungen der Totalität. Dies existierende allgemeine *Selbst* der Materie ist das Licht, – als Individualität der *Stern*, und derselbe als Moment einer Totalität die *Sonne*.

Hier steht nichts über Sachverhalte, die heute sogar Kindern beigebracht werden und die man mit ein paar einfachen Versuchen leicht selbst lernt – nichts davon, dass Materie eine Masse hat und Licht nicht, dass Licht sich in Wellen ausbreitet, die mit Elektrizität und Magnetismus einhergehen, nichts darüber, dass sich am Licht aber auch Teilcheneigenschaften finden lassen. Das Wissen darüber hat uns bis zum Computer, auf dem ich diesen Satz hier gerade schreibe, eine Menge Zeug eingebracht, mit dessen Hilfe Hegel, hätte es ihm zur Verfügung gestanden, noch viel umständlichere Sätze hätte denken und schreiben können als die zitierten, weil ihm solche Technik, wäre sie vorhanden gewesen, weniger originelle Beschäftigungen abgenommen hätte.

Hegels natürliche Feinde: Physik und Positivismus

Das systematische Denken verlief nach dem Ende von Hegels Lebensbahn nicht lange auf den Schienen, die er ihm gelegt hatte. Es geriet weithin in den Bann der Naturwissenschaften. Rund 30 Jahre nach Hegels Tod fand der schottische Physiker James Clerk Maxwell Gleichungen, deren Geltung ungefähr 60 weitere Jahre später durch Heinrich Hertz experimentell bestätigt wurde. Mithilfe dieser Gleichungen kann man die Technik bauen, die ich eben gelobt habe. Mit Hegels Sätzen über Materie als »Reflexion-in-sich« und übers Licht als »allgemeines Selbst« derselben kann man dagegen zunächst nichts machen als mehr solcher Sätze. Etwa 100 Jahre nach Hegels Tod kam eine neue Denkrichtung auf, die den Unterschied zwischen einerseits dem, was man mit Maxwells Gleichungen machen kann, und andererseits dem, was man mit Hegels Sätzen machen kann, zur Hauptsache erklärte. Diese neue Denkrichtung lehnte nicht nur jeden Idealismus ab, also den subjektiven wie den objektiven, sondern auch das, was bis dahin als Gegenteil der idealistischen Richtungen gegolten hatte, nämlich den sogenannten »Materialismus«. Der glaubt nicht, die Welt sei Denken. Vielmehr hält er Denken für ein Produkt oder eine Eigenschaft eines angenommenen wahren Weltstoffs namens »Materie«. Die neue Denkrichtung nun, die weder Materialismus noch Idealismus sein sollte, hieß nach ihrem Ursprungsort und der lockeren Organisationsform, die Angehörige der Schule für ihre Zusammenarbeit gewählt hatten, »Wiener Kreis«. Wer die Ortsmarke vermeiden will, spricht von »Neopositivismus«.

»Neo«, also »neu«, war dieser Positivismus, weil es zuvor schon mal eine Lehre namens »Positivismus« gegeben hatte, erfunden vom französischen Gesellschaftswissenschaftler Auguste Comte. Dieser Mann gehört chronologisch gesehen in Hegels Epoche: Er wurde geboren, als der deutsche Philosoph keine 30 Jahre alt war. Der Positivismus, den Comte ersann, verlangte, man solle bei der Erforschung des Sozialen nicht Wissenslücken als Gelegenheiten zum Spekulieren nutzen, sich also nicht mit dem abgeben, was fehlt, dem Negativen, sondern mit Daten, mit fassbar Vorhandenem, eben Positivem (daher der Name).

Von dieser Lehre zweigten weitere Positivismen ab, etwa ein juristischer, der sich an die schriftlich fixierten Gesetze hält (statt an Moral, Gebräuche oder das subjektive Unrechtsempfinden), und ein naturwissenschaftlicher, der Messungen wichtiger findet als Vorstellungen von verborgenen Vorgängen.

Der Neopositivismus, der mit Hegel besonders ruppig abrechnete, lehnte Materialismus und Idealismus ab, weil die sich aufführen, als könnten sie darüber, was es auf der Welt gibt, gültige Aussagen treffen, ohne vorab zu klären, wie man Aussagen unanfechtbar nach »richtig« und »falsch« sortiert. Der Wiener Kreis bot eine eigene Klärung an. Sie besteht in der Festlegung, es gäbe nur drei Sorten von Sätzen:

1. wahre, die man wahr nennen darf, wenn man ihre Wahrheit durch Erfahrung, insbesondere Messung, bestätigt hat,
2. falsche, die man falsch nennen darf, wenn man ihre Verkehrtheit durch Erfahrung, inbesondere Messung, bewiesen hat, und

3. solche, die man durch Erfahrung weder bestätigen noch widerlegen kann. Diese dritte Sorte nannte der Wiener Kreis »bedeutungslos«.

Die Sätze von Hegel über Licht und Materie, die ich zitiert habe, gehören nach den genannten Kriterien zu den bedeutungslosen. Man kann nämlich durch keine Beobachtung und keinen Versuch herausfinden, ob das Licht »das allgemeine Selbst« der Materie ist oder nicht. Kein Mensch kann sich vorstellen, wie es aussehen würde, wenn das Licht *nicht* das allgemeine Selbst der Materie wäre.

In einem Aufsatz mit dem polemischen Titel »What Is Wrong With Our Thoughts? A Neo-Positivist Credo« (»Was stimmt nicht mit unseren Gedanken? Ein neo-positivistisches Glaubensbekenntnis«) aus dem Jahr 1991 zitiert der australische Philosoph David Stove wilde Überlegungen aus Hegels Werken, darunter die, dass der Äther (ein Stoff, von dem man seinerzeit glaubte, er fülle das All) in Gestalt der Blüten (also wohl: Planeten?) des Sonnensystems seine innere Vernunft und Totalität in eine Expansion ausgestülpt habe, oder dass das universale Prinzip des Flüssigen sich in Einzeldingen fixiere, deren numerische Einheit die »Bestimmtheit« von irgendwas sei, welche wiederum ein idealer Faktor oder ein Moment von etwas anderem darstelle.

Stove höhnt:

> Ich kann gar nicht zu stark betonen, dass in diesem Werk hunderte solcher Stellen stecken, die auch noch von der weitesten Themenvielfalt handeln. So toll er in Astronomie ist, so gut ist Hegel auch in Überlegungen über Schwerkraft, Magnetismus, Hitze, Licht und Farbe, Pflanzen, Tiere,

Krankheit, menschliche Anatomie, die Familie und viele andere Angelegenheiten.

Das Motiv für den Spott ist ehrenhaft: Der Australier kann Unsinn nicht leiden. Es gefällt ihm nicht, dass man Hegels Sätze über die Welt oft mit nichts Vorhandenem abgleichen kann.

Hegels Sätze scheinen sich für die Wirklichkeit in dem Sinn, in dem Stove oder der Wiener Kreis, dessen Vorgaben Stove folgt, das Wort »Wirklichkeit« gebrauchen, gar nicht zu interessieren. Hegel betrachtet Ideen, die mit anderen Ideen und sich selbst spielen. Er scheint in der zitierten Passage von Fragen auszugehen wie: Was meine ich mit »Licht«? Was meine ich mit »Materie«? Welche Zusammenhänge gibt es in meinem Sprachgebrauch zwischen diesen Wörtern, welche Sätze kann ich damit herstellen?

Ein Satz, den Stove und der Wiener Kreis akzeptieren könnten, lautet: »Ohne Licht sieht man keine Materie«. Er scheint zumindest widerlegbar: Wenn jemandem ein Versuch einfiele, der kein Licht zulässt, bei dem einer aber trotzdem vorhandene (also messbare) Materie sieht (also nicht nur »wahrnimmt«, sonst hat man geschummelt), wäre der Satz widerlegt. Hegels oben zitierte Behauptungen aus der *Enzyklopädie* jedoch brechen aus der Bahn aus, auf der man Sätze wie den über die Sichtbarkeit der Materie findet. Stattdessen kombinieren diese Behauptungen Begriffe ähnlich, wie man Legosteine zusammensteckt: Wenn es nicht auseinanderfällt, reicht das, man muss es nicht noch mit etwas in der Wirklichkeit vergleichen können (wie man's bei einem mit Lego nachgebauten wirklichen Gebäude tun könnte).

Maxwells Gleichungen sind auch Sätze. Gleichungen sagen, dass eine Sache oder ein Sachverhalt dasselbe sei wie eine andere Sache oder ein anderer Sachverhalt, weshalb man im Englischen auch »identity« für »Gleichung« sagt: »Identität«.

Gleichungen behaupten ferner, dass eine Feststellung aus einer anderen folgt. Sie benutzen, wie Hegel, Begriffe, und sie verbinden diese Begriffe, wie Hegel, indem sie Vergleiche oder Unterscheidungen einander zuordnen.

Maxwells Gleichungen ziehen ihr Vermögen zur Welterklärung aus dem Umstand, dass sie Ordnung in die Vielfalt der Erscheinungen bringen. Diese Ordnung ist universal. Das bedeutet, die Gleichungen gelten für das, wovon sie reden, nicht nur am Dienstagabend, nicht nur in Ägypten, im U-Boot oder auf einem weit entfernten Saturnmond, sondern immer und überall. Die moderne Naturwissenschaft nennt Aussagen mit derart umfassendem Geltungsanspruch »Naturgesetze«.

Falls es überhaupt keine derartigen Naturgesetze gibt, lässt sich nur Zeug über die Welt sagen, das manchmal stimmt und manchmal nicht. Nach den Regeln des Wiener Kreises würde dies unser gesamtes Reden und Denken über die Welt bedeutungslos machen. Das Verfahren, Sätze in Handlungsanweisungen und Beobachtungsvorhersagen zu übersetzen, um herauszukriegen, ob sie wahr, falsch oder bedeutungslos sind, könnte man sich sparen.

Es ließen sich nur noch wahre Sätze sagen und schreiben wie: »Gestern um 19 Uhr Ortszeit habe ich in Frankfurt am Main in der Hellerhofstraße 4 im vierten Stock nachgerechnet, ob das, was auf der linken Seite der ersten von Maxwells Gleichungen steht, wirklich das gleiche ist wie das, was auf der rechten Seite steht; dort und da hat es gestimmt«. Da eine Falsifizierung nur falsche Naturgesetze entlarvt, es aber wahre geben muss, damit man überhaupt Wissenschaft treiben kann, hat der Neopositivismus ein Problem: Wie verifziert man eigentlich den Satz »Dieses Gesetz gilt immer und überall.«?

Den äquivalenten Satz: »Dies oder das ist ein Naturgesetz.« könnte man nur verifizieren, indem man dies oder das immer und überall durchtestet. Das aber ist unmöglich.

Mit diesem niederschmetternden Faktum sind die peinlichen Schwierigkeiten nicht zu Ende. Wenn Leute Hegel dafür verachten, wie er Begriffe in Begriffe schraubt, ohne in der Wirklichkeit nachzugucken, während sie Maxwell dafür bewundern, dass er die Geheimnisse des Elektromagnetismus entschlüsselt, dann müssen sie sich fragen lassen, woher sie wissen, dass Maxwells Arbeit auf Papier und im Kopf gute und richtige Begriffsarbeit ist, während die von Hegel schlecht und falsch sein soll.

Mit dem Verweis auf Beobachtung und Experiment als Kontrollinstanzen kommen sie nicht so weit, wie sie glauben: Die elektromagnetischen Wellen, von denen Maxwells Gleichungen handeln, wurden erst mehrere Jahrzehnte nach Abschluss der mathematischen Arbeit des Schotten von seinem deutschen Kollegen Heinrich Hertz im Experiment nachgewiesen. Es war also zumindest möglich, die Denkarbeit, die diese Wellen begriff, *ohne* Nachsehen in der Natur zu einem triftigen Ende zu bringen. *Wieso* war das möglich?

Was heißt das überhaupt: Die Natur gehorcht Gesetzen?

Gesetze sind keine Sachen. Man kann sie nicht messen, nur ihre Wirksamkeit. Gesetze sind wie Zahlen: Man kann drei Äpfel beobachten, drei Bücher aus dem Verlag Reclam, drei Beispiele für Ideen von Hegel; aber kein Mensch hat je eine »3« gesehen außer als Symbol. Das bezeichnet einen abstrakten

Gedanken, den man auf abzählbare Einzeldinge oder Einzelsachverhalte anwenden kann.

Wenn die Welt aus messbaren Sachen sich aber zerlegen lässt in Fälle der Anwendbarkeit nicht messbarer Begriffe, und wenn ihr Verhalten Sätzen gehorcht, die sich denken und schreiben, aber nicht überprüfen lassen, weil sie Begriffe wie »immer« und »überall« enthalten: Muss man dann nicht sagen, die Welt ordne sich Ideen unter?

Ist das nicht Idealismus, und ist der nicht objektiv, ja mehr: absolut, nämlich Voraussetzung für jede objektive Aussage? Muss also nicht, wer Naturwissenschaft treiben will, den Grundgedanken von Hegel für wahr halten, die Welt sei Denken?

Sachverhalte und Begriffe

Hegel und Maxwell haben gemein, dass sie nicht nur Eigennamen für Sachen benutzen (»Hund«, »Katze«, »Maus«), sondern auch *Begriffe.* In diesem Buch gehorche ich, wenn ich das Wort »Begriff« verwende, einem Sprachgebrauch, der »Begriffe« solche Wörter nennt, mit deren Hilfe sich Sachen (also Messgrößen) miteinander vergleichen, voneinander unterscheiden und in ihrem veränderlichen Verhalten beschreiben lassen.

Bei Maxwell sind das Wörter wie: »Welle«, »Feld«, »Kraft«, bei Hegel sind das Wörter wie: »Identität«, »Manifestation«, »Totalität«. Einfache Objektnamen wie »Hund«, »Katze« oder »Maus« sind in dieser Sichtweise Bezeichnungen für beobachtbare Größen, Begriffe dagegen Namen für *Beziehungen* zwischen solchen Größen.

Der auffälligste Unterschied zwischen Hegel und Maxwell ist der, dass Maxwell Begriffe tendenziell eher (wenn auch nicht ausschließlich) im Hinblick auf Sachen und Sachverhalte benutzt, während Hegel Begriffe tendenziell eher (wenn auch nicht ausschließlich) im Hinblick auf andere Begriffe benutzt.

Der Astronaut Ulrich Walter hat verlangt, man dürfe nicht nur Roboter auf Raumfahrt schicken, sondern müsse auch Menschen einsetzen, denn Roboter könnten keine Geschichten erzählen. Uns entgeht Wissen, wenn wir auf menschliche Wahrnehmungen verzichten, etwa Wissen davon, wie das Essen im All schmeckt. Roboter können mit der Welt interagieren, aber die Wechselwirkungen, die dabei vorkommen, sind resonanzärmer als solche, die durch zusätzliche Reflexionsschlaufen angereichert werden.

Bei Maxwell, könnte man sagen, fungieren Begriffe als Roboter zum Zweck der Sondierung der Welt. Sie sind Maschinen, die eine Aufgabe erfüllen: den Elektromagnetismus so aufzuschlüsseln, dass man ihn technisch manipulieren kann. Bei Hegel dagegen sind die Begriffe Teil einer von Hegel subjektiv, oft nahezu dichterisch ersonnenen, dann aber schriftlich als Text objektivierten Systemgeschichte ihrer Begriffseigenschaften.

Hegels Philosophie hat sozusagen ein Bewusstsein von sich als Bewusstseinsleistung; sie weiß, dass sie mit Begriffen arbeitet und wie Begriffe schmecken.

Meine Unterscheidung zwischen Maxwell und Hegel ist hier eine quantitative (»tendenziell eher« heißt: öfter), aus der eine qualitative folgt (Hegels Begriffe stellen ihren Begriffscharakter aus). Ich schließe mich damit nicht Heidegger an, der sagte, die Wissenschaft denke nicht. Ich sage: Sie denkt anders; mit anderem Zweck und anderen Methoden als die Philosophie (oder die Poesie, die Mystik, die Musik ...).

Hegels Begriffsarbeit strengt beim Lesen an, wie das Beispiel vom Licht aus der *Enzyklopädie* zeigt. Aber sie kann begeistern, weil er Begriffsverknüpfungen wie Begriffszergliederungen mit einer Beweglichkeit und zugleich Konsequenz erfindet, erprobt und verwirft, die kaum irgendwo ihresgleichen hat.

Sein wichtigstes Verfahren dafür nennt er »Dialektik«. Die nimmt er so wichtig wie Maxwell das Differenzieren. Sowohl dialektische Philosophie wie die mit Infinitesimalrechnung befasste Physik entfernen sich oft weit von der Alltagsvernunft. In der Physik hören und lesen wir etwa vom unendlich Kleinen, in der Dialektik zum Beispiel davon, dass in jedem Begriff und jedem Ding ein Widerspruch arbeite, und sei es nur der Widerspruch zwischen Sein und Nichtsein, den wir »Werden« nennen.

Hegel verfolgt dergleichen bis an Punkte, an denen er zu rätselhaften Feststellungen wie derjenigen gelangt, Gegensätze bildeten etwas, das man eine »Einheit« nennen dürfe.

Der ärgste Affront für jeden Positivismus dürfte Hegels Lehre sein, das Sammeln von Beweisen und ihre Integration in eine Theorie komme nicht deren Objektivität zugute, sondern sei als unstatthafte Abschweifung ins »schlechte Besondere« abzulehnen, das dem allein wissenschaftswürdigen Allgemeinen nur im Weg stehe.

Hintergrund der Wahrheitsfindung war für Hegel eine vertrackte Sorte »immer«, die ihr Absolutes in einer gigantischen Selbstveränderung besitzt. Er nannte diese Selbstveränderung »Geschichte«. In ihr schreitet die Welt nach dem Maß dessen fort, was Geist braucht, um Welt zu werden. Das betrifft jede noch so konkrete historische »Innovation«, wie wir heute sagen, sogar das Schießpulver, von dem Hegel lehrt: »Die Menschheit bedurfte seiner, und alsobald war es da.«

Unbestreitbar ist, dass die Wahrheitsfindung im Sinne Newtons oder Maxwells Voraussetzungen und Ergebnisse kennt, die Hegel »dialektisch« genannt hätte. So stützt sie sich zum Beispiel auf die rätselhafte Überzeugung, eine gebogene Linie bestehe aus unendlich vielen und unendlich kleinen geraden Linien, oder eine beschleunigte Bewegung bestehe aus unendlich vielen, unendlich kleinen gleichförmigen Bewegungen.

Wer nicht sieht, dass das sehr nahe bei Hegels Idee des »Umschlags von Quantität in Qualität« steht, will es nicht sehen.

Ein Widerwille gegen Hegel sucht seine Gründe

Mein erster Versuch, Hegel zu lesen, liegt mehr als 30 Jahre zurück. Ich war ihm auf den Spuren von Marx begegnet, weil Hegel zu den Leuten gehörte, die Marx seine Lehrer nannte. Deutungen sprachen davon, Marx habe Hegel studiert und einiges von ihm übernommen, vor allem »Methodisches«, ihn aber auch kritisiert, überwunden und »vom Kopf auf die Füße gestellt«, was auch immer das heißen sollte.

Erste Lektüre ergab, dass Hegel große Stücke auf etwas hielt, das er »Vernunft« nannte. War dieser Hegel womöglich ein Aufklärer gewesen, der gegen die starre, tief ungerechte Welt des ständischen Mittelalters agitiert hatte? Dann mochte er sich als Modell für den Kampf gegen die nicht mehr adlige, sondern bürgerliche Herrschaft eignen, die das mittelalterliche Unwesen abgelöst hatte. Weiterlesen ergab, dass ich den Mann nicht politisch fortschrittlich finden konnte. Dass er in einem entwickelteren, erwachseneren Sinn tatsächlich sogar sehr fortschrittlich war, habe ich erst viel später kapiert. Hegels Verehrung für Napoleon stieß mich ab: Der war doch ein autoritärer Politiker, ein Machtmensch. Dass Hegel wusste, wie schwer es war, den Adel und sonstigen »Alb der toten Geschlechter« (Marx) ohne strenge und flächendeckende Maßnahmen (also ohne Napoleons Politikstil) in den Griff zu kriegen, weil Fortschritt »im Bewusstsein der Freiheit«, wie Hegel sagt, mitunter den harten Umweg über die Beschränkung der Freiheit gewisser Feinde der Freiheit nehmen muss, ging mir nicht auf. Hegels Schreibart klang mir nach verschlungenen Verordnungen. Was er sachlich vorzubringen schien, kam mir oft geradezu empörend verrückt vor; nicht nur in der Physik, sondern auch in Kulturfragen: Die gesamte Kunst sollte etwa demnächst »enden«, was erstens unverständlich war (wie soll das aussehen, legen alle Kunstschaffenden ihr Werkzeug weg?) und zweitens der greifbaren Erfahrung einer rasant beschleunigten Ästhetisierung aller Lebensbereiche in meiner eigenen Gesellschaft, der Bundesrepublik Deutschland der 1980er Jahre, direkt widersprach.

Nicht sympathischer wurde mir der Philosoph durch seine abwertenden Urteile über nichteuropäische Geschichte und über »trübe Völker«, denen er mit derselben Herablassung begegnete wie die stumpfsten Rechten, die ich kannte.

Am liebsten hätte ich Hegel gar nicht mehr gelesen. War Marx, der Hegel lobte, nicht doch, allen Wendungen seines Denkens ins Politische und Praktische zum Trotz, immer Grübler geblieben, schrieb er nicht auch spekulativ, oft schwer überprüfbar? Sollte ich sein Urteil über Hegel überhaupt teilen wollen?

Andererseits: Eminent praktische Personen, vom soliden Friedrich Engels bis zum Berufspolitiker Lenin, rieten dringend zur Hegel-Lektüre. Selbst der ungarische Denker Georg Lukács, der gegen jede Vergiftung des klaren Hirns stritt und in seinem Werk *Die Zerstörung der Vernunft* (1954) den Irrationalismus in Grund und Boden schimpfte, verehrte Hegel, ja sogar der Dichter Peter Hacks, der das Fassliche stets mit Ingrimm gegen jede Obskurität verteidigte.

Eine Weile hielt ich die Hegelliebe dieser Köpfe für eine Art Ahnenkult: Marx war nun mal Hegelfan gewesen, die Erbschaft wurde wohl weitergereicht wie Familientafelsilber. Als ich Mitte 20 war, gab mir dann jemand einen unerwarteten Hinweis: Nicht nur im Marxismus und in der bürgerlich-akademisch-feuilletonistischen Welt schätzte man den Autor der *Phänomenologie des Geistes*, sondern sogar da, wo Positivismus sich Trost über die Unzulänglichkeit menschlicher Sinneserfahrung in einer unvernünftigen Welt herholt, in der Mathematik.

Seit meiner Schulzeit sind die meisten Leute in meiner näheren sozialen Umwelt solche mit Neigungen, später beruflichen Verpflichtungen im Bereich der Naturwissenschaften oder anderer exakter Arbeit. Mein eigener Weg hat mich mangels nötiger Begabung woanders hingeführt. Aber die Neugier darauf und das Interesse daran, was diese Menschen beschäftigt, kann ich mir nicht abgewöhnen. So erfuhr ich davon, dass es einen Mann gibt, der einerseits zu den hellsten Köpfen der mathematischen und metamathematischen Forschung unserer Epoche gehört und andererseits Hegel den größten Respekt bezeugt, und zwar nicht in Sonntagsreden, die der philosophischen Fakultät schöne Augen machen, sondern in der Praxis. Ich meine Francis William Lawvere, der seit den 1960er Jahren wichtige Fortschritte zu mehr Klarheit über Verbindungen zwischen früher nur isoliert betrachteten Teilbereichen mathematischen Wissens ermöglicht hat. Die Loyalität, die Lawvere an seinen Lehrer Hegel bindet, ist so unumstritten, dass der Theoriehistoriker Ralf Krömer in seiner Abhandlung über die Geschichte bedeutender Teile der Gegenwartsmathematik *Tool and Object* (2007) von »Lawveres Hegelianismus« schreiben kann. Und Krömers russischer Kollege Andrei Rodin breitet im Traktat *Axiomatic Method and Category Theory* (2012) sogar ein ganzes, Lawveres Arbeit erläuterndes Kapitel über »Categorical Logic and Hegelian Dialectics« aus.

Was hat Hegel in der Metamathematik verloren? Ich werde auf diese bemerkenswerte Verbindung zwischen mathematischem Verstand einerseits und spekulativer Vernunft andererseits im Schlusskapitel dieses Büchleins noch zu sprechen kommen. Hier will ich nur festhalten, dass sie mir, als ich von ihr erfuhr, zunächst ein großes Rätsel war. Bei diesem Rätsel blieb es aber nicht, denn bald danach brachte man mir den Umstand zur Kenntnis, dass im Netz von mathematisch orientierten Fachleuten eifrig diskutiert wurde, ob und gegebenenfalls in welcher Weise das »Univalenzaxiom« des russisch-amerikanischen Mathematikers Wladimir Wojewodski sich auf Hegels schockierendes Begriffsbild der »Identität von Identität und Nichtindentität« beziehen ließ.

Wojewodski hatte in Gestalt einer schwierigen Lehre namens »Homotopietypentheorie« ein Unternehmen lanciert, das die zunehmende Computerabhängigkeit der mathematischen Beweisarbeit auf eine Grundlage stellen sollte, die Maschinen und Menschen gleichermaßen gut handhaben konnten. Der Schlüssel dazu sollte ein Axiom sein, das zwischen zwei Beziehungen von Größen eine Metabeziehung festlegte, die besagt »(A ist gleich B) ist äquivalent zu (A ist äquivalent zu B)«, ein Trick, aus dem, wenn man die komplizierten Implikationen mathematischer Äquivalenz- und Gleichheitsdefinitionen darauf anwendet, eine völlig neue Sicht darauf folgt, was das Zeichen »=« bedeutet, soll sagen: was man damit machen kann. Das Manöver ähnelt Hegels Satz davon, dass Identität zwischen Identität und Nichtidentität bestehe, vor allem darin, dass Hegel seinerzeit, wie in unserer Ära der Mathematiker Wojewodski, ein Hierarchieproblem unter Begriffen lösen wollte.

»Identität« war in einer Auseinandersetzung zwischen Hegels Kollegen Fichte und Schelling ein Wort, das mit dem Verständnis des Begriffs »Subjekt« zusammenhing, insbesondere mit dessen Vermögen, zu tun und zu denken, was es tut und denkt, ohne sich so sehr zu verändern, dass es nicht mehr dasselbe bleibt, also nicht mehr mit sich identisch ist. Bis heute gibt es verschiedene Deutungen des Subjektbegriffs im Deutschen Idealismus, je nach dessen verschiedenen Quellen.

Adorno und Robert Brandom halten bei ihren Deutungen jener Debatte dafür, deren »Subjekt« sei »die Gesellschaft«. Dass man da überhaupt etwas deuten muss, dass die Begriffe nicht einfach fix sind, dass sie sich in der Arbeit mit ihnen wandeln, verbindet den Deutschen Idealismus aber gerade in seiner dunkelsten Tiefe mit der Mathematik, in der die Bedeutung eines Wortes wie »Parallelen« oder einer Wendung wie »kürzeste Verbindung zwischen zwei Punkten« davon abhängt, welchen Raum man sich denkt, von wo nach wohin man darin will und so weiter.

Je mehr ich nun las und lernte, desto unerwartete Beziehungen zwischen Hegel und der ganzen übrigen Welt des Denkens ergaben sich. Das reichte vom exzentrischen Verfechter einer mehrwertigen (also nicht nur entweder-wahr-oder-falsch, sondern mehr) Wahrheitslehre Gotthard Günther, der *Grundzüge einer neuen Theorie des Denkens in Hegels Logik* (1933) gefunden haben wollte, bis zum »Vater der modernen japanischen Philosophie« Kitaro Nishida, dessen Denken Hegel in explizit dialektischen Grundmotiven tief verpflichtet ist.

Ich konnte Hegel nicht auf sich beruhen lassen, fand aber vieles bei ihm nach wie vor unzugänglich, nicht nur den naturwissenschaftlichen Unfug, sondern auch Passagen über seinen eigentlichen Gegenstand, die Entwicklung von Verstand und Vernunft in der Geschichte. Wie sollte ich zum Beispiel den in meiner schließlich ganz zerlesenen, mit Anmerkungen und Fragezeichen verunzierten *Phänomenologie des Geistes* präsentierten Gedanken begreifen, der Inhalt religiöser Vorstellungen sei »der absolute Geist«?

Es sei, stand da, wo dies behauptet wurde,

> um das Aufheben dieser bloßen Form zu tun, oder vielmehr weil sie dem *Bewusstsein als solchem* angehört, muss ihre Wahrheit schon in den Gestaltungen desselben sich ergeben haben. – Diese Überwindung des Gegenstandes des Bewusstseins ist nicht als das einseitige zu nehmen, dass er sich als in das Selbst zurückkehrend zeigte, sondern bestimmter so, dass er sowohl als solcher sich ihm als verschwindend darstellte, als noch vielmehr, dass die Entäußerung des Selbstbewusstseins es ist, welche die Dingheit setzt, und dass diese Entäußerung nicht nur negative, son-

dern positive Bedeutung, sie nicht nur für uns oder an sich, sondern für es selbst hat.

Wie bitte?

Zustellungsprobleme bei Schachtelsätzen

Wo jemand schreibt wie Hegel, ärgern sich Leute über »Bandwurmsätze« oder auch »Schachtelsätze«. Wo man diese Vorwürfe im Internet findet, etwa in Kommentaren unter Zeitungsartikeln oder in Buchbewertungen bei Online-Versandhändlern, erkennt man am Satzbau und am Wortschatz der Beschwerden meist schnell, was von ihnen zu halten ist. Wer mies schreibt, liest vielleicht auch nicht besonders gut.

Bandwurm? Schachtel? Sehen wir genauer hin.

Ein Bandwurm ist ein Parasit, der einem Organismus etwas raubt. Die Metapher »Bandwurmsatz« sagt: Allzu komplexe Syntax stört den Zusammenhang, macht den Gedanken weniger zugänglich, raubt der Sprache Sinn. Eine Hypotaxe mit Fugen, die sitzen, ordnet Gedanken aber eher, als sie zu beschädigen, *schafft* also zusätzlichen Sinn über die bloße Wortansammlung hinaus. Der gelungene Bau reichert den Informationsgehalt der Zeichenkette an. Wo die Satzspannung das Energieniveau der Gedankenarbeit hält, statt sie wie bei dumpfen Aufzählungen, Ketten und Reihen erschlaffen und in sich zusammensinken zu lassen, gibt es mehr zu loben und zu lernen als zu bemängeln. Es kann viele gute Gründe geben, über Sätze aus Schullesebüchern für Kinder hinauszugreifen, die sagen: »Das ist Oma. Oma hat einen Hund. Der Hund ist klein usw.«

Hegel setzt in meinem schwierigen Beispiel über die religiösen Vorstellungen Fugenteile, die seinen Satz logisch strukturieren: »nicht« als Verneinung, »sondern« als deren komplementäre Seite (»wenn das Gemeinte *nicht* A ist, welches B, C, D ist es dann?«). Er gebraucht kraftvolle Verben anstelle farbloser Hilfszeitwörter (»setzt« zum Beispiel sagt, dass der Gedanke etwas *positioniert*). Er prägt Nomina für komplizierte Prozesse, etwa den Begriff »Entäußerung«. Der ganze Abschnitt ist eine Denkmelodie in mehreren Stimmen; es gibt eine Hauptlinie und klar untergeordnete Nebenlinien.

Die Konstruktion ist also, wenn man die Metapher »Bandwurmsatz« ernst nimmt, keiner. Aber ist sie nicht zumindest ein Schachtelsatz? Zweifellos, nur wird man fragen dürfen: Warum ist »Schachtelsatz« ein Schimpfwort? Sind flache Fibelsätze, Befehle und andere von Verschachtelung freie, weil grobe Klötze, wirklich »besseres Deutsch«?

Wer je versucht hat, mehrerlei gleichzeitig irgendwohin zu tragen, war für Schachteln, Kisten und Kasten dankbar. Wer einige kleine in wenige große steckt, kann das, was transportiert wird, vorab sogar sortieren.

Als ich erkannte, dass mein Widerwille gegen Hegel der Abneigung Sprachverarmter im Internet gegen komplexe Sätze affektiv verwandt war, erschrak ich und besprach die Sache mit der klügsten Hegelianerin, die ich kenne. Sie sagte: »Du wehrst dich gegen einen Verständnisaufwand.« Ich musste zustimmen: »Ja, weil ich denke, der lohnt sich da nicht.«

Zu Recht stellte sie die Gegenfrage: »Woher weißt du das, wenn du sie nicht leistest?«

Ich wusste keine Antwort. Sie fasste nach: »Stört dich das, was Hegel zu sagen hat, vielleicht mehr als die Art, wie er es sagt? Würdest du denselben Aufwand akzeptieren, wenn es um Aussagen ginge wie die seltsamsten bei Leibniz, Newton und Maxwell?«

Hegel und wir: Ein Horizontproblem

Leibniz, Newton und Maxwell sagen Dinge über Bewegung und Veränderung, die man mit Grundschulmathematik so wenig erfassen kann wie Hegels Gedanken mit Grundschulsprache. Worüber aber Hegel spricht, das sind veränderliche Größen anderer Art als bei den dreien: historisch wandelbare.

Die Beschäftigung damit, ging mir auf, lehrt unangenehme Lektionen nicht so sehr über die Sorte Grenzen, die man im Ingenieurswissen respektieren muss, sondern über andere, die beispielsweise daraus resultieren, dass man in einer idiotischen Zeit lebt, die das Denkvermögen selbst derjenigen einschränkt, die den niedrigen Horizont dieser Zeit überwinden wollen. Der Dichter Ronald M. Schernikau fand Anlass zu dem Seufzer: »Man möchte, dass, wer Hegel liest, ein anderer wird. Dann lernt man den Westherausgeber von Hegel kennen.« Gemeint war damit, dass umfassende Gedanken in die meisten Hirne nur reinpassen, wenn sie den dort vorhandenen Möglichkeiten angepasst und damit verfälscht werden. Die Grenzen der vorhandenen Weltauffassung, in Schernikaus Beispiel: die Grenzen eines »westlichen« Glaubens an allerlei liberaldemokratisch-bürgerliches Zeug, rauben selbst einem so radikalen Denker wie Hegel die Radikalität, die sich über keine unvernünftige gesellschaftliche Einrichtung je beruhigt hat. »Ein anderer werden«: Diese Transformation ergäbe sich aus dem Willen, das unvernünftige Vorhandene zu überwinden – das fordert Hegel auch vom westlichen, bürgerlichen, liberalen

Demokraten, aber der findet bei Hegel nur das, was der Philosoph gegen die Reste des Mittelalters seiner Zeit und in Richtung westliche, bürgerliche, liberale Demokratie wollte. So gratuliert sich ein »Westherausgeber« immer nur selbst dazu, dass Hegel schon gedacht habe, wie er denkt, und feiert den Philosophen zu jedem Jubiläum als seinesgleichen.

Solche Verkürzungen gibt's nicht nur im Westen.

Es gibt den östlich, südlich und nördlich reduzierten Hegel, den religiös zurechtgestutzen, den durch die pragmatistische Brille amerikanisierten und so fort. Vielleicht sind einfach alle zu blöd für ihn, aus geschichtlichen Gründen.

Sehr wahrscheinlich bin ich es auch.

Ein deutscher Fachphilosoph, dem eigentlich bekannt ist und der auch hin und wieder darüber schreibt, dass Philosophie nicht nur akademisch, sondern auch populär sein kann, manchmal sogar beides und mitunter keins von beidem, hat bedauerlicherweise, nachdem er erfuhr, dass ich an diesem Büchlein arbeite, öffentlich seine Sorge darüber ausgedrückt, dass durch den zu erwartenden Text »Zugänge« zur Philosophie »legitimiert« würden, die seine Fachphilosophie dann wieder mühsam werde »ausbügeln« müssen. Abgesehen vom unscharfen Bild »Zugänge ausbügeln« spricht aus der Befürchtung eine kuriose, aber an den Universitäten nicht unübliche Vorstellung davon, wie Philosophie Unrichtiges korrigiert. In der Chemie war irgendwann klar, dass es den Stoff »Phlogiston« nicht gibt. In der Philosophie dagegen wird heute noch über die Elementenlehre der sogenannten »alten Griechen« gestritten. Philosophische Richtigstellungen funktionieren nicht gemäß dem Klempnerspruch: »Lasst da mal lieber den Fachmann ran!«. Texte wie die von Hegel sind bei jeder Lektüre auszulegen, nicht plan anzuwenden wie einzelwissenschaftliche Forschungsergebnisse. Philosophie *leidet* nicht darunter, dass etwa der Hegeldeuter Brandom Hegels Gedanken anders rekonstruiert als sein Landsmann John McDowell, sondern sie *lebt* davon.

Hegelinterpretationen treibt man auf eigene Rechnung. Ich zum Beispiel kann nur hoffen, dass meine Darstellung Hegels, die eine Deutung ist, weil man Hegel nicht darstellen kann, ohne ihn zu deuten, da er nicht in *Evidenzen* denkt, die sich von selbst verstehen, mein Publikum dazu anregt, ihn zu lesen. Alles, was ihm an meinem Zugang nicht einleuchtet, kann es korrigieren, aber dafür ist egal, ob es aus Fachphilosophen oder Goldschmiedinnen besteht.

Hegel wirkte zwar auch im Hörsaal, aber er schrieb und dachte fürs Universum, nicht für die Zwischenprüfung.

Er führt allen, die ihn zu begreifen suchen, ständig vor Augen, dass das Niveau ihrer Zeitgenossenschaft ihn nie ganz einholen kann, weil er zwar früher schrieb und dachte als sie, aber ums Ganze. Vielleicht wird man ihn erst in einer Zeit wahrhaft produktiv machen, die wir uns noch gar nicht vorstellen können.

Dergleichen erfährt man ungern. Man sträubt sich gegen die Zumutung, etwas lernen zu sollen, wofür es keine naheliegende Anwendung gibt. Dieses Sichsträuben tritt beim Hegellesen unmittelbar zu den Problemen hinzu, die man individuell bei jeder Geistesarbeit hat. Als ich das einsah, musste ich auch erkennnen: Ohne eine Bestimmung der inneren Beziehungen der Ideen Hegels zueinander, die sie zugleich in ihrem historischen Zusammenhang sieht als auch mit unserem heutigen konfrontiert, also mit dem Licht, in dem ich sie las, würde ich meine Widerstände gegen Hegel nie überwinden. Beides, die Bestimmung der inneren logischen Beziehungen der Ideen Hegels zueinander einerseits und die historische Gegenüberstellung ihrer Entstehungsepoche mit der heutigen andererseits, habe ich von da an nach besten Kräften geübt.

Dieses Büchlein ist der Versuch, das dabei Erlebte lesbar zu machen.

Wie man den Geist lebt
oder:
Hegels Biographie in Begriffen

Mein System kennt
keine Grenzen.
Blumfeld

Bürger und Protestant

Der größte Widerspruchslehrer der Philosophiegeschichte wurde am 27. August 1770 in Stuttgart in gleich zwei große Widersprüche hineingeboren: in einen Stand, der dafür bekannt ist, die Ständegesellschaft zu bekämpfen, und in ein religiöses Bekenntnis, das dafür bekannt ist, als Kritik der heilsgewissen Faulheit begonnen zu haben, die jedem religiösen Bekenntnis innewohnt. Das Bürgertum, dem Hegel zugerechnet werden kann, hat die ständische Gesellschaftsordnung schließlich gesprengt. Das religiöse Bekenntnis Martin Luthers, dessen Kirche Hegel außerdem angehörte, hat hingegen das katholische, als dessen Kritik es begann, nie komplett ersetzt. Es gibt also nicht nur soziale Widersprüche, sondern sogar Widersprüche zwischen ihnen, nämlich etwa den, dass so ein sozialer Widerspruch manchmal den Tod des Alten erzwingt, dem er widerspricht, manchmal aber auch nicht. Von beiden Fällen kommt Hegel her.

Die Wörter »Herkunft« und »Tradition« umfassen sowohl konkret Materielles wie abstrakt Geistiges. Meist sind damit Sachverhalte gemeint, in denen sich beides mischt, zum Beispiel im Erbrecht, das einerseits fassbar Vermögen und Schulden weitergibt, andererseits aber ein juristisches, also begriffliches Verhältnis ist. Herkunft und Tradition vermitteln Naturwüchsiges, zu dem wir heute etwa »Genetik« sagen, mit Menschengemachten, zu dem wir heute etwa »Verwaltung«, »Politik« oder »Geschichte« sagen. Sobald das Bürgertum begann, sich politisch zu emanzipieren, begegneten einander an vielen Fronten die natürliche und die bürgerliche Sphäre. Hegels Vater Georg Ludwig Hegel hatte berufsmäßig vor allem mit der zweiten zu tun: Er war Rentkammersekretär und dann Expeditionsrat, hatte also zwei Ränge inne, deren Bedeutung für uns heute ganz blaß ist.

Sie waren aber Momente einer umfassenden Modernisierung der Verwaltung, also einer der auffälligsten Begleiterscheinungen der Bewegung des Bürgertums vom bloßen Stand unter Ständen zur vorherrschenden, schließlich alleinherschenden gesellschaftlichen Macht. Der Adel litt am Ende des Mittelalters ökonomisch unter der Rückständigkeit, die einem Kollektiv anhaftet, das nicht fortschrittsfähig ist: Es gibt keinen Anreiz für eine Teilgruppe innerhalb der Gesellschaft, deren Auskommen gesichert ist, allgemeinen Reichtum für die Gesamtgesellschaft zu schaffen. Aber so eine Gruppe hängt, wenn es Gruppen gibt, die das in ihrem eigenen Interesse tun, bald von diesen ab (das ist die soziologische Fassung des Prinzips, das bei Hegel in der *Phänomenologie des Geistes* die berühmte Konsequenz zeitigt, der Herr sei der Knecht des Knechts. Hegel meint's allerdings nicht ökonomisch).

Vom Adel wurden die Bürger bei der Emanzipation behindert, von den absolutistischen Alleinregierenden der Epoche aber zumindest insofern unterstützt, als diese Mächtigen, von Englands Elizabeth bis zu Preußens Friedrich (»dem Großen«), ihre Hauptregierungsaufgabe darin sahen, die beiden Stände (später, nach einer englischen, der römischen Antike abgeguckten Sprachregelung: »Klassen«) Adel und Bürgertum dergestalt im Gleichgewicht zu halten, dass beider Stärken dem Staat zugutekamen.

Das adlige Gruppeninteresse drückte sich, weil es einem machtgewohnten Stand eigen war, meist ruppig aus – diese Leute hatten jahrhundertelang erlebt, dass sie, wenn sie einen Bürger schlecht behandelten, dafür mit wenig bis keinen Konsequenzen rechnen mussten, während umgekehrt ein Bürger, der einem Adligen krumm kam, fürchten musste, mindestens das zu verlieren, was man noch heute die »bürgerliche Existenz« nennt. Die bürgerliche Unzufriedenheit mit dieser Lage, mit ihrer »Unregelmäßigkeit und Ungleichheit«, mit »Anomalien und Absurdität«, mit »politischer Verdorbenheit« und vor allem: mit Gesetzen, die nicht auf eine vernünftige Verfassung hinausliefen, sondern auf ein »unförmliches Aggregat von partikulären Rechten«, an dem die »mächtigen Interessen der Aristokratie« haften, bleibt bei Georg Wilhelm Friedrich Hegel, dem Sohn des schwäbischen Rentkammersekretärs und Expeditionsrats Georg Ludwig Hegel, bis in seine letzte öffentliche Stellungnahme, die 1831 erschienene Schrift *Über*

Hegel im Schlafrock, Lithografie (1828) von Friedrich Julius Ludwig Sebbers (1804 bis nach 1837).

die englische Reformbill, mit unverminderter Heftigkeit erhalten, wie die eben daraus zitierten Wendungen deutlich machen.

Die »partikulären Rechte«, von denen Hegel schreibt, sind die Standesprivilegien. In seinem ganzen Nachdenken über den Staat und die bürgerliche Gesellschaft sind sie politisches Beispiel schlechthin für das, was er das »schlechte Besondere« nennt, im Gegensatz zum guten, vernünftigen, wirklichen und richtigen Allgemeinen, zu dem sich »das gewöhnliche Vorurteil der Trägheit«, wie er im *Reformbill*-Aufsatz schreibt, nicht emporzubequemen vermag. Man hat Hegels Satz »Das Wirkliche ist vernünftig« als Rechtfertigung des Vorhandenen missdeutet. Anders gelesen bedeutet er, da er ein Moment eines dialektischen Denkprozesses darstellt, die denkbar härteste Verurteilung unvernünftiger sozialer Einrichtungen: Sie sind für Hegel nicht einmal »wirklich«, haben kein Bestandsrecht, gehören ins Nichts, dem sie logisch entsprechen (nach einem eigenwilligen Verständnis des Begriffs »Logik«, dem Hegel in seiner *Wissenschaft der Logik* den Sinn zuweist).

Die zwei Traditionen, die Hegels Herkunft bestimmen, die bürgerliche und die protestantische, sind, wie das bei allen Traditionen für alle Menschen gilt, die in sie hineingeboren werden, älter als er selbst, aber paradoxerweise erziehen sie ihn früh dazu, keine Idee, kein Verhalten, keine Gegebenheit nur deshalb zu akzeptieren, weil sie älter sind als er. Noch im *Reformbill*-Text spricht er sich gegen die »Weisheit der Vorfahren« aus:

> denn mit dieser Weisheit, welche darein zu setzen ist, daß die Austeilung von Wahlrechten der Parlamentsmitglieder nach der damaligen Bevölkerung oder sonstigen Wichtigkeit

der Grafschaften, Städte und Burgflecken bemessen worden ist, steht das Verhältnis in zu grellem Widerstreit, wie sich Bevölkerung, Reichtum, Wichtigkeit der Landschaften und der Interessen in neueren Zeiten gestellt haben.

Die Kämpfe, in die sich Hegel mit solchen Sätzen noch gegen Ende seines Lebens einmischen wollte, halten viele heute für beendet. Soweit es das »schlechte Besondere« der spezifischen sozialen Inhalte dieser Kämpfe betrifft, ist das wahr. Die abstrakte *Form* jener Kämpfe jedoch, der Streit um Macht als Streit um Wahlrechte, bleibt hochaktuell.

Die Wahl Donald Trumps zum Präsidenten der Vereinigten Staaten 2016 zum Beispiel ergab sich aus einem amerikanischen Wahlrecht, bei dem nicht die absolute Mehrheit der abgegebenen Stimmen (die auf seine Gegenkandidatin Hillary Clinton entfiel), sondern ein kompliziertes Wahlmännersystem den Ausgang entscheidet, samt einer Wahlbezirksaufteilung, an der die großen Parteien per »gerrymandering« herumbasteln. Dabei handelt es sich um eine modernisierte, aber ganz in Hegels Sinne auf den konkreten Kleinkram der »Grafschaften, Städte und Burgflecken« (im Fall der USA: Counties und States) gestellte Manipulationspraxis, die im schroffen Gegensatz zum vernünftig Allgemeinen eines Wahlrechts steht, das dem Prinzip »eine Stimme, ein Machtanteil« gehorchen würde. Und Boris Johnsons Sieg Ende 2018 in Großbritannien zehrt sogar von Resten dessen, was Hegel unmittelbar meinte, altenglischem Wahlregelquatsch nämlich.

Bis zur französischen und amerikanischen Revolution waren fürs Allgemeine die absolutistischen Gewalten zuständig, fürstlich, königlich oder kaiserlich. Deren »großer Sinn«, sagt

Hegel im *Reformbill*-Text, liege darin, »solche Prinzipien wie das Beste des Staates, das Glück ihrer Untertanen und den allgemeinen Wohlstand« (da verrät sich der Bürger als Schwabe, der schafft, spart, eine Existenz gründet und ein Häusle baut), »vornehmlich aber das Gefühl einer an und für sich seienden Gerechtigkeit zu dem Leitstern ihrer legislatorischen Wirksamkeit zu machen, mit welcher zugleich die gehörige monarchische Macht verbunden ist, um solchen Prinzipien gegen bloß positive Privilegien« (das sind die Adligen), »hergebrachten Privateigennutz« (das mag eine Selbstkritik des Bürgerstandes andeuten) »und den Unverstand der Menge« (das ist eine dritte, noch junge Klasse, für die sich Hegels größter Schüler Marx in die Schlacht werfen wird: das Proletariat) »Eingang und Realität zu verschaffen«.

Drei Jünglinge und ihre Idee(n)

Im Politischen war Hegel jede Gewohnheit zuwider, die am Vorgefundenen klebt und sich nicht die Mühe gibt, ein vernünftiges Prinzip zu formulieren. Im Religiösen hielt er's ähnlich: Auch hier verabscheute er jede Unfähigkeit, die christliche Idee *als Idee* zu denken, in deren Licht einer »für sich seienden« höheren Instanz in Form des Glaubens und der daran ausgerichteten Handlungen das verschafft werden konnte, was Hegel im eben zitierten Abschnitt »Eingang und Realität« im Leben nennt.

Wer etwas, das bei der Religionspflege von der alten Generation an die jüngere gewohnheitsmäßig einfach weitergegeben wird, also das Ritual, den Talisman oder das Gebetssprüchlein, höher stellte als Abstraktes wie den Glauben oder beseelte Spekulation, hatte von Hegel ein Donnerwetter zu befürchten. Zehn Jahre vor seinem Tod sprach er in dieser Sache sein wütend letztes Wort, beim Anblick von Händlern, die vor dem Kölner Dom geweihte Medaillen, Kerzen und anderen Krempel verkauften: »Das ist eure katholische Religion und der Skandal, den sie uns darbietet! Werde ich sterben, bevor ich das alles habe fallen sehen?«

Hegel verwechselte das jeweilige Ideal, sei es nun religiös oder staatlich, nicht mit der Wirklichkeit. Er wusste durchaus, dass das hohe Prinzip und die Realität zweierlei sind. Er wollte aber, dass das hohe Prinzip »Eingang und Realität« im Leben finde. Das gibt's nicht geschenkt, auch wenn dem Menschen das jeweilige Prinzip sehr nahesteht. Man kann den Gedanken »Ich lebe für's Prinzip, aber das bedeutet Mühe« mit den Worten des Dichters Friedrich Hölderlin ausdrücken: »Nah ist / und schwer zu fassen der Gott«.

Ich zitiere das nicht, weil Bildungsgut meinen Text zieren soll. Der Zusammenhang zwischen Hegel und Hölderlin ist eng, sie sind einander nicht im Ideenreich, sondern als Studenten begegnet. Hegel sollte evangelischer Geistlicher werden und geriet so ans Tübinger Stift, wo er Hölderlins Zimmergenosse war. Damit bildeten die beiden zwei Eckpunkte eines leuchtenden Dreiecks junger Genies, das der junge Friedrich Schelling vervollständigte.

Alle drei begeisterten sich für die Theorien der Aufklärung, insbesondere die Lehren von Jean-Jacques Rousseau. Dieser Franzose predigte den Menschen die Gleichheit und der Gesellschaft, dass in ihr der Wille aller Einzelpersonen demokratisch mit dem Willen des Ganzen, dem Allgemeinen Willen, in Einklang gebracht werden müsse.

Als Hegel 19 Jahre alt war, verschaffte die französische Revolution diesen Predigten »Eingang und Realität« in der Geschichte.

Die Tübinger Zimmergenossen waren von dem Ereignis elektrisiert: Endlich buchstabierten politische Dokumente den *Gesellschaftsvertrag* aus, den laut Rousseau alle mit allen schließen müssen, damit das Gemeinwesen gedeiht, vor allem die berühmte *Erklärung der Menschen- und Bürgerrechte*, verlesen am 26. August 1789 in der französischen Nationalversammlung.

Die Köpfe der bürgerlichen Menschenrechtstheorie wussten, dass Menschen in der Natur keine Rechte haben: Der Tiger frisst sie, das Buschfeuer verbrennt sie, der Tsunami ersäuft sie. Solche Schrecken fragen nicht nach Ansprüchen auf körperliche Unversehrtheit oder Würde. Nur Menschen, das ist der Kern der Vertragstheorie im Sinne Rousseaus, können Menschen Rechte gewähren, zu denen unter anderem die Freiheit zählt. Robinson Crusoe auf seiner einsamen Insel ist nicht frei, nur einsam. Schlimmer, zehn Robinsone auf zehn einsamen Inseln, durchs Meer voneinander getrennt, sind nicht einmal »Individuen« im bürgerlichen Sinn des Wortes, denn sie müssen alle so ziemlich dasselbe tun und erleiden: Schutz gegen die Witterung suchen, sich gegen Raubtiere verteidigen und so weiter. Bringt man dagegen zehn Leute auf einer einzigen Insel unter, können sie einander arbeitsteilig helfen: Die eine baut die Hütte, weil sie das besser kann als andere, der nächste jagt, eine weitere legt einen Gemüsegarten an, einer fängt wilde Schweine und beginnt eine Zucht. Sobald die Zusammenarbeit Leuten etwas beschert, das man »Freizeit« nennt, weil sie nicht mehr im Bann der unmittelbaren Naturnot stehen, könnte eine dieser zehn Personen anfangen, über den ganzen Ablauf nachzudenken, und würde dann vielleicht die erste Philosophin oder der erste Künstler der kleinen Gesellschaft.

Hegel beginnt unterm Eindruck der französischen Revolution damit, sich und anderen zu erklären, dass zwischen der vergesellschafteten, also arbeitsteilig aktiven Vielzahl von Menschen und der Besonderheit Einzelner nicht einfach, wie das primitive liberale Theorien sich ausmalen, eine Art mechanischer Gegensatz der Sorte »Ansprüche der Gesellschaft gegen Freiheiten fürs Individuum« besteht, sondern dass Freiheit *in* der Gesellschaft und *von* ihr produziert wird, indem sie etwa das Individuum überhaupt erst ermöglicht.

Freiheit und Gleichheit setzen genau die Gesellschaft voraus, gegen die sie behauptet und durchgesetzt werden müssen. Umgekehrt wird eine Gesellschaft, die keine Freiheiten gewährt und funktional unnötige Ungleichheiten mit ihren Ressourcen so stark stützt, dass diese Ressourcen für die Reproduktion des Ganzen wegfallen, nicht lange bestehen.

Das Gesellschaftliche und das Individuelle befinden sich somit in der Sorte Verhältnis, die Hegel »dialektisch« nennt. In der Dialektik können Gegensätze identisch sein, Quantität kippt in Qualität und nur die Verneinung der Verneinung eines Ausgangszustands erreicht einen neuen Zustand.

Viele, die davon erfahren, halten die Dialektik für eine Hilfskonstruktion des Denkens, mit der man komplexe Sachverhalte beschreiben kann, die sich aber nicht erleben lässt. Das Große ist nun mal nicht klein, 50 Euro sind genauso Geld wie 5 Euro (statt etwas anderes mit »anderer Qualität«), und wenn ich NICHT »nicht lebendig« bin, dann bin ich einfach »lebendig«.

Wer aber zum Beispiel Heavy-Metal-Konzerte besucht, kann die Identität der Gegensätze erleben, wenn der Krach so gewaltig wird, dass er sich plötzlich wie absolute Stille anfühlt, in der man *nichts hört*. Wie hier der Lärm zur Gehörlosigkeit gehört, gehörte in der Französischen Revolution zum schönsten Höhenflug der Gleichheit ein Terror, der alle Einzelnen in Gefahr brachte, und zum Frieden, den eine Verfassung und ein bürgerliches Gesetzbuch erlauben, der revolutionäre Bürgerkrieg samt Guillotine und Niederschlagung des bäuerlich-klerikalen Aufstands in der Vendée: Dialektik, Widersprüchlichkeit, Umschlag von Quantität (»Eine Menge Menschen will das Alte nicht mehr.«) in Qualität (»Dies sind neue Menschen, weil sie eine neue Gesellschaft bilden.«), reale Erfahrungen von Hegels Generation. Ideengeschichte wurde Realgeschichte.

Hegels erster großer Versuch, sich von diesem Erlebnis systematisch Rechenschaft abzulegen, nämlich die *Phänomenologie des Geistes*, begreift dies so:

> Aber die höchste und der allgemeinen Freiheit entgegengesetzteste Wirklichkeit oder vielmehr der einzige Gegenstand, der für sie noch wird, ist die Freiheit und Einzelnheit des wirklichen Selbstbewusstseins selbst. Denn jene Allgemeinheit, die sich nicht zu der Realität der organischen Gegliederung kommen lasst, und in der ungeteilten Kontinuität sich zu erhalten den Zweck hat, unterscheidet sich in sich zugleich, weil sie Bewegung oder Bewusstsein überhaupt ist. Und zwar um ihrer eignen Abstraktion willen trennt sie sich in ebenso abstrakte Extreme, in die einfache unbiegsame kalte Allgemeinheit, und in die diskrete absolute harte Sprödigkeit und eigensinnige Punktualität des

wirklichen Selbstbewusstseins. Nachdem sie mit der Vertilgung der realen Organisation fertig geworden und nun für sich besteht, ist dies ihr einziger Gegenstand – ein Gegenstand, der keinen andern Inhalt, Besitz, Dasein und äußerliche Ausdehnung mehr hat, sondern er ist nur dies Wissen von sich als absolut reinem und freiem einzelnem Selbst. An was er erfasst werden kann, ist allein sein *abstraktes* Dasein überhaupt. – Das Verhältnis also dieser beiden, da sie unteilbar absolut für sich sind, und also keinen Teil in die Mitte schicken können, wodurch sie sich verknüpften, ist die ganz *unvermittelte* reine Negation; und zwar die Negation des Einzelnen als *Seienden* in dem Allgemeinen. Das einzige Werk und Tat der allgemeinen Freiheit ist daher der *Tod*, und zwar ein *Tod*, der keinen innern Umfang und Erfüllung hat, denn was negiert wird, ist der unerfüllte Punkt des absolut freien Selbsts; er ist also der kälteste, platteste Tod, ohne mehr Bedeutung als das Durchhauen eines Kohlhaupts oder ein Schluck Wassers.

An der Schwelle zum System

Bis in diese blutige Tiefe hat Hegel das Problem als Student nur empfunden, nicht analysiert. Er selbst war ja gerade erst dabei, sich zu emanzipieren, zum Beispiel vom Elternhaus, mittels radikalbürgerlicher (»jakobinischer«) Überzeugungen, die weiter gingen als alles, was der Vater gutheißen konnte. Gemessen an seinen beiden Freunden Schelling und Hölderin schien Hegel ein Spätentwickler, eher gesellig und gemütlich als hochfahrend und genialisch. Die Begegnung der drei aber hat in ihnen allen Funken mit weitreichenden Folgen gezündet.

Aus der Zeit ihrer direkten Wechselbefruchtung ist ein mysteriöses Dokument erhalten, das sogenannte *Älteste Systemprogramm des deutschen Idealismus*.

Untersuchungen haben den Text aufs Jahr 1797 datiert. Er ist zwar in Hegels Handschrift verfasst, spricht jedoch eine andere Sprache, als sie für ihn zu jener Zeit typisch war. Man vermutet ein Diktat oder eine Gemeinschaftsarbeit.

Die Begeisterung der drei Freunde für die französische Revolution hat auch im *Systemprogramm* ihre Spuren hinterlassen – nah, doch schwer zu fassen:

> So müssen endlich Aufgeklärte und Unaufgeklärte sich die Hand reichen, die Mythologie muß philosophisch werden und das Volk vernünftig, und die Philosophie muß mythologisch werden, um die Philosophen sinnlich zu machen. Dann herrscht ewige Einheit unter uns. Nimmer der verachtende Blick, nimmer das blinde Zittern des Volks vor seinen Weisen und Priestern. Dann erst erwartet uns *gleiche* Ausbildung *aller* Kräfte, des Einzelnen sowohl als aller Individuen. Keine Kraft wird mehr unterdrückt werden. Dann herrscht allgemeine Freiheit und Gleichheit der Geister!

Vier Jahre vor Abfassung der Schrift hatte Hegel sein Studium mit dem theologischen Konsistorialexamen erfolgreich abgeschlossen und im Oktober desselben Jahres 1793 eine Hauslehrerstelle bei einer reichen Familie im schweizerischen Bern angenommen. Zwischen den Lektionen für die reichen Kinder stellte er Überlegungen zum Unterschied zwischen sozialen Inhalten und ihren politischen Formen an. Dabei ging ihm auf, dass der soziale Inhalt der Freiheit und gerechten Teilhabe am Gemeinwesen einerseits und die parlamentarische Form der Gesetzgebung andererseits, auf die man sich in Bern viel zugutehielt, keineswegs zwingend zusammengehören, sondern einander geradezu Feinde sein können.

Die Institution »Parlament« ist nichts an sich Fortschrittliches; nur Liberale halten sie dafür. Intelligente Illiberale wie Karl Kraus und Wladimir Iljitsch Lenin sehen das anders: Für Kraus war der Parlamentarismus »die Kasernierung der politischen Prostitution«, für Lenin eine Drehtür kapitalistischer Klassenherrschaft: »heute Minister, morgen Bankier, heute Bankier, morgen Minister«. Hegel erfuhr in Bern unmittelbar, was ein Parlament (hier: der *conseil souverain*) für ein Schauspiel bietet, wenn man dort zulässt, was heute »Lobby-Arbeit« heißt, und Patrizier einlädt, an der repräsentativen Demokratie mitzuwirken. In einem Brief an Schelling vom 16. April 1795 schreibt Hegel, dass »alle Intrigen an Fürstenhöfen durch Vettern und Basen nichts sind gegen die Kombinationen hier«, denn

> der Vater ernennt seinen Sohn oder den Tochtermann, der das größte Heiratsgut zubringt und so fort. Um eine aristokratische Verfassung kennen zu lernen, muß man einen solchen Winter, vor den Ostern, an welchen die Ergänzung [d. h. die Wahl, Anm. DD] vorgeht, hier zugebracht haben.

Was den Hauslehrer Hegel über derlei politische Betrachtungen hinaus geistig beschäftigt hat, lässt sich nur in Umrissen aus Briefen rekonstruieren. An Schelling schreibt er, von seinen eigenen Arbeiten sei »nicht der Mühe wert zu reden«. Der Freund, dem er so bescheiden Auskunft gibt, ist da bereits unterwegs zu etwas, das auch Hegel in Angriff nehmen wird: Schelling arbeitet an seinem System.

Wie baut man Systeme?

Philosophische Weltsysteme hatten in der Antike und im Mittelalter bereits Leute wie Platon, Aristoteles und der Kirchenlehrer Thomas von Aquin errichtet. In Deutschland blüht die Systembildnerei ab 1794, dem Erscheinungsjahr von Johann Gottlieb Fichtes *Grundlage der gesammten Wissenschaftslehre*. In diesem Buch sollte der Kosmos von drei Axiomen her aufgeschlüsselt werden. Wie in der Mathematik bedeutet »Axiom« dabei einen nicht weiter in irgendetwas anderes aufzulösenden Grundsatz. Dies vorausgesetzt, folgt die Begriffsarbeit dann einer konstruktiven Methode, wie bei gewissen mathematischen Beweisen, und schaut nicht mehr groß in der Welt nach.

Auch die Naturwissenschaften kennen Systeme, etwa Carl von Linnés Ordnung der Biologie (von der spätere Taxonomien dieser Wissenschaft abstammen, die mittlerweile evolutionsbiologisch grundiert sind), ferner das chemische Periodensystem der Elemente, den Partikelzoo der Elementarteilchenphysik und die Begriffshierarchien des kosmologischen Standardmodells.

Manche Systembauten des menschlichen Verstandes handeln selbst von Systemen, etwa die Kybernetik, auch die Synergetik oder die biologische Erkenntnistheorie von Humberto Maturana und Francisco J. Varela und die Theorie sozialer Systeme des Gesellschaftswissenschaftlers Niklas Luhmann.

Dieses letzte Systembeispiel ist besonders instruktiv gebaut, denn der Architekt hat dem Gegenstand seiner Überlegungen auch Hinweise zum »Theoriedesign« entnommen, wie er sagt. Sein Ausgangsentwurf war die Programmschrift *Soziale Systeme* (1984), in der er die Hauptunterscheidungen, Vergleichsmaßstäbe, Systemelemente und Prozesse benannte, mit denen er arbeiten wollte. Über Jahrzehnte hin widmete er sich einzelnen funktionalen Untersystemen des Gesamtsystems »Gesellschaft« und veröffentlichte Bücher wie *Das Recht der Gesellschaft* (1993), *Die Wirtschaft der Gesellschaft* (1994) oder *Die Kunst der Gesellschaft* (1997).

Mit einem krönenden Blick aus den Wolken auf *Die Gesellschaft der Gesellschaft* (1997) schloss Luhmann dieses Gesamtwerk ab.

Von mehrstufigen, modularen Systemarchitekturen wie derjenigen, die er damit errichtet hat, kann man beim Systembauen in mindestens zwei Richtungen abweichen: in die *summarisch-monographische* und in die *iterative*. Die Variante der summarischen Monographie finden wir beim Paläontologen Stephen Jay Gould, der sein evolutionsbiologisches System im März 2002 als Riesenmonographie namens *The Structure of Evolutionary Theory* publizierte. Die zweite Variante nenne ich »iterativ« in dem Sinn, in dem Iterationen, also Wiederholungen eines Rechenvorgangs unter Einspeisung seiner je letzten Resultate ins Programm, sich mehr und mehr der gesuchten Lösung annähern.

In der Geschichte der Systembildnerei ist dieses iterative Verfahren selten von jemandem geschickter gebraucht worden als von Hegel. In verschiedenen Lebensabschnitten, an verschiedenen Orten, hat er von je anderer Seite sein System neu in Angriff genommen, neu erarbeitet und neu dargestellt.

Das war und bleibt philosophiegeschichtlich ungewöhnlich. Denn ein Gedankenbau zur Verbegrifflichung der ganzen Welt, wie man ihn bei Aristoteles, Thomas von Aquin oder Gottfried Wilhelm Leibniz findet, scheint auf iterative Kalküle weniger angewiesen als auf Module. Solche philosophiesystemischen Module, die dem weltzergliedernden Zweck zuarbeiten mögen, sind etwa die Phänomenologie (Lehre von den Erscheinungen), die Ontologie oder Metaphysik (Lehre von dem, was es gibt, und gegebenenfalls von dem, was dahintersteckt), die Epistemologie (Erkenntnislehre), die Anthropologie (Lehre vom Menschen), die Logik (Lehre vom richtigen Folgern), die Ethik (Lehre vom richtigen Verhalten), die Geschichtstheorie (mit der man die je gebrauchten Zentralbegriffe der Ontologie oder der Epistemologie als etwas behandelt könnte, das sich im Verlauf ändert und entwickelt), vielleicht noch die Theologie (wenn das System einen Gott kennt, dann muss es über ihn etwas sagen), möglicherweise die Gesellschaftstheorie, und falls das System die Tatsache, dass Menschen Kunst machen, für wichtig hält, braucht es auch noch eine Ästhetik.

Hätte Hegel das, was ihm Inbegriff des Weltganzen war, den Geist, in solche Module zerlegt, so hätte er Bücher schreiben können wie »Die Ontologie des Geistes« oder »Die Epistemologie des Geistes«, um die Arbeit mit »Der Geist des Geistes« abzuschließen.

Stattdessen schrieb er alle diese Bücher jeweils auf einmal. Da der Geist bei ihm eine Geschichte hat, die sein Wesen mitbestimmt, besteht die Einheit seiner Anschauung von diesen in deren Entwicklung. Das einzige seiner Werke, das in eine Reihe passen würde, die man den Titeln der Luhmann'schen gegenüberstellen könnte, ist die *Phänomenologie des Geistes*. Auch sie jedoch will eher Gesamtentwurf als Modul sein, originellerweise aber verkleidet als Hinführung zu einer erst noch zu schreibenden Theorie, also als ein Modul, freilich ein historisches statt ein architektonisches.

Ein Vorgänger und ein Konkurrent: Fichte und Schelling

Das System, das Hegels Tübinger Zimmergenosse Schelling bereits zu schaffen begann, als Hegel sich noch über die Schweizer Politik ärgerte, wurde schneller hochgezogen als das Hegel'sche, man könnte lästern: mit mehr Fertigbauteilen.

Es lässt sich gar nicht so leicht in mein kleines System der Systembauweisen einordnen. Ist es axiomatisch (wie die Ethik von Spinoza oder das Weltgebäude von Fichte), modular (wie das Gesellschaftstdenken bei Luhmann), monographisch (wie die Evolutionstheorie von Gould) oder iterativ (wie Hegels Gesamtwerk)?

Alle Systembauten des deutschen Idealismus haben den Startschuss von Fichte gehört. Der verrechnete 1794 in seiner *Grundlage der gesammten Wissenschaftslehre* das abstrakteste philosophische Problem der Aufklärung mit der Einsicht, dass man nur Gedanken denken kann. Dieses abstrakteste philosophische Problem der Aufklärung bestand darin, dass Aufklärung als ideologische Abteilung der bürgerlichen Überwindung des Ständewesens aus der Wissenschaft, wie sie Galilei und Newton gestaltet hatten, eine Weltanschauung machen wollte, was aber nicht geht, weil Wissenschaft die Welt vom Besonderen zum Allgemeinen hin ertastet, während Weltanschauung ein Allgemeines als Voraussetzung des Besonderen behauptet. »Wissenschaft« nach Galilei und Newton bedeutet:

Sachverhalte zu messen, daraus Erklärungen abzuleiten und sie dann zu testen, dabei die Erklärungen in Form von Vorhersagen, am besten Gleichungen zu fassen und den Hypothesenminimalismus (»Ockhams Rasierklinge«) einzuhalten. Die Wirtschaftsweise der Bürger, der Kapitalismus, gewann aus solcher Wissenschaft vor allem viel Technik, also eine Reihe praktischer Verfahren zur Vermehrung der Ausbeute beim Eingriff in die außergesellschaftliche Natur.

Diese Verwissenschaftlichung der Produktion brachte Profit und verschaffte den Bürgern wirtschaftliche Macht, die sie als politischen Hebel gegen den Adel zu nutzen lernten. Die Bürger wollten aber auch weltanschauliche Waffen gegen die Kirche, weil deren Lehre das alte politische System als gottgegeben rechtfertigte.

So unterstützten sie die Aufklärung dabei, die religiöse Ordnung zwischen *Offenbarung* (die Religion sagt, dies und das ist so und so) und *Gehorsam gegen Gebote* (die Religion sagt, du musst dies und das tun) durch eine allgemeine und vernünftige Ordnung zwischen *Forschung* (die Sinne und der Verstand sagen, dies und das ist so und so), weltlicher *Pragmatik* (die Sinne und der Verstand sagen dir, dies und das kannst du tun) und sozialer *Ethik* (du sollst nicht alles tun, was du kannst, sonst schadest du dir unmittelbar oder mittelbar) zu ersetzen.

Dieses Projekt wirft eine Frage nach dem Verhältnis von Wissen, Können und Dürfen auf, die als nie ganz zum Schweigen gebrachtes viertes Moment auch noch den »Glauben« mit sich herumträgt, also ein weder durch Empirie noch mit Verstandesmitteln abgesichertes Fürwahrhalten. Seit den ersten Erschütterungen im katholischen Weltdenken regiert diese Fragekonstellation die abendländische Philosophiegeschichte (noch 2019 hat beispielsweise der 90-jährige Jürgen Habermas in zwei Bänden namens *Auch eine Geschichte der Philosophie* auf mehr als 2000 Seiten genau diesen Zusammenhang entfaltet).

Das ganze Problem fasst der deutsche Idealismus als die Frage nach dem Verhältnis zwischen Subjekt und Objekt. Das sind zwei grammatische Wesen, die man braucht, wenn man über Glauben (nur Subjekte glauben was), Wissen (nur Subjekte wissen was), Können und Dürfen (nur Subjekte können und dürfen was, nämlich mit einem Objekt so oder so umspringen, oder eben nicht) nachdenken will. Fichte nennt das Subjekt »Ich«. Damit benennt er erstens einen Untersuchungsgegenstand, von dem man ihm zutrauen darf, dass er ihn kennt, und erleichtert zweitens die Identifikation des Publikums mit ihm als Vordenker (»ich« sind ja für sich alle).

Sofort fällt ihm auf, dass sein Subjekt nur existiert, indem es sich selbst als Objekt nimmt – »Ich« heißt Bewusstsein (einer Puppe, die »ich« sagt, können wir »nicht glauben«), und Bewusstsein heißt, ein Ich denkt über sich nach (ist für sich also Objekt des Denkens, in dem es zu sich kommt), oder mit Fichte: So ein Ich ist, wenn wir denn Denken als »Handlung« fassen (man macht ja etwas, wenn man denkt), »zugleich das Handelnde und das Product der Handlung; das Thätige, und das, was durch die Thätigkeit hervorgebracht wird; Handlung, und That sind Eins und dasselbe; und daher ist das: ›Ich bin‹ Ausdruck einer Thathandlung«.

Die erste Folge war, dass die deutsche Philosophie von da an eine Weile aus lauter Philosophen bestand, die sich selbst sowie andere Philosophen als Objekte nahmen, um sich selbst vor-, her- und darzustellen.

Das Manöver erzeugte eine Art Höhentaumel, weil man damit das »Ich« an die Stelle der bürgerlichen Klasse setzte, die gerade wirklich dabei war, die Welt neu zu schaffen und in der entstehenden neuen Weltanschauung, die dazu passte, das Subjekt der ganzen Welt- und Naturgeschichte wurde, wodurch es das alte Subjekt der ganzen Welt- und Naturgeschichte ersetzte, den christlichen Gott. Wie berauscht man von diesem Tauschmanöver sein kann, klingt als Echo aus Sätzen Schellings nach.

> Es giebt wahrhaft und an sich überall kein Subject und kein ich, eben deshalb auch kein Object und kein Nichtich, sondern nur Eines, Gott oder das All und ausserdem Nichts. Ist also überall ein Wissen und ein gewusstwerden, so ist das, was in jenem und was in diesem ist, doch nur das Eine als Eines, nämlich Gott.

Der Seufzer, dass man's dann ja auch gleich lassen kann, entfuhr denen, die sich damals solche Gedanken machten, vor allem deshalb nicht, weil sie Aussagen wie die in diesem Schellingzitat getroffenen als eine Art Experiment auffassten, bei dem man die richtige Ordnung der Begriffe erst noch herausfinden wollte. Man predigte nicht letzte Weisheiten und besann sich nicht auf uralte, sondern warf sich mitten ins Neue, noch nie Gedachte. Der Mensch war, wie Schelling anderswo sagt, die Natur in dem Moment, in dem sie die Augen öffnet.

Weder Fichte noch Schelling noch Hegel bastelten ihre Kopfpaläste freischwebend. In alle diese Systeme ging die Arbeit anderer ein. Schelling, dessen Wirken in der deutschsprachigen Wikipedia schon im Eingangspassus als das »entscheidende Verbindungsglied zwischen der kantischen und der hegelschen Philosophie als auch zwischen der idealistischen und nachidealistischen Philosophie« zusammengefasst wird, hat aus komplizierten Gründen dabei eher Scharnierbauerqualitäten demonstriert als Geschick beim Vorzeichnen gültiger Pläne.

In seinem Debüt, der sogenannten »Formschrift« von 1794, unter dem Titel *Über die Möglichkeit einer Form der Philosophie überhaupt*, macht er sich immerhin ein paar interessante Gedanken zum Theoriedesign. Zunächst entscheidet er sich wie Fichte für die Axiomatik, in die er allerdings Impulse einbauen will, die er von den kritischen Schriften Immanuel Kants empfangen hat. Schelling setzt aufs »Ich« wie Fichte.

Beide folgen darin dem Mathematiker und mehrdeutigen Aufklärer René Descartes, dessen berühmter Satz »Ich denke, also bin ich« das Subjektive ins Objektive wendet. In der nächsten Schrift *Vom Ich als Princip der Philosophie oder über das Unbedingte im menschlichen Wissen*, ein Jahr nach der Formschrift erschienen, legt Schelling dieses Ich neu aus und gruppiert dabei Ansätze des Erstlingstextes um. Anders als beim iterativen Arbeiten nutzt er aber nicht irgendwelche bereits gesicherten Resultate für ein besseres, »schärfer eingestelltes« Zweitergebnis, sondern lässt sein System in neue, andere Richtungen wuchern.

Dazu gezwungen wird er davon, dass das Absolute nicht unberührt bleiben kann, sobald jemand darüber nachdenkt, damit nämlich nicht mehr unbedingt, sondern (wie Hegel gesagt hätte) »vermittelt« ist. Der Umstand lässt Schelling keine Ruhe, und diese Unruhe bringt ihn dazu, die Elemente seines Gebäudes hin und her zu schieben, das Fundament auch mal als Dach zu betrachten, das Absolute also ans Ende zu setzen, so dass es erst erarbeitet werden muss, statt dass man davon ausgehen kann.

Über alledem wird ihm das *konstruktive* Treiben schal und er wendet sich (oder böser gesagt: er fällt zurück) ins *kritische* Verfahren Kants, das die Philosophie zergliedert statt sie zu errichten.

Kritische Maschinen wie die gigantische, die Kant hinterlassen hat, der allen ihm bekannten Arbeitsweisen der Vernunft ihre Grenzen bestimmen wollte, baut man bis heute. Junge Schulen wie die »Kritische Theorie«, »Diskursanalyse«, »Wissensarchäologie«, »Dekonstruktion« und viele weitere, mehr oder weniger systematische Angriffe auf allerlei Abendländisches gehören hierher. Auch der Marxismus hat als eine Art Kritik der vorhandenen Philosophie angefangen.

Den Systembauherrn Schelling insgesamt als »kritischen« Denker einordnen zu wollen, wäre aber Quatsch. Er hat sich eher permanent damit abgeplagt, das Systematische im Sinne Fichtes und das Kritische im Sinne Kants aufeinander abzustimmen (wenn auch nie platt zu »harmonisieren«).

Ein Unternehmen dieser Sorte stand in gewisser Weise als oberster Punkt auf der deutschen Tagesordnung. Denn Fichte selbst, zwischen 10 und 15 Jahre älter als Schelling, Hegel und Hölderlin, hatte die philosophische Bühne mit einem anonym veröffentlichten Text betreten, von dem man zunächst glaubte, der Verfasser sei der König der Kritik, Kant.

Fichtes Debüt hieß nämlich *Versuch einer Critik aller Offenbarung* (1792) und erschien bei einem Verlag, bei dem auch Kant publizierte. Das informierte Publikum dachte sich also, dass der damals auf die 70 zugehende Kant sein Unternehmen vielleicht modular durchführte wie viel später Luhmann sein soziologisches. Wenn nach *Das Recht der Gesellschaft* und *Die Kunst der Gesellschaft* in den 1990er Jahren des 20. Jahrhunderts anonym bei Suhrkamp ein Band mit dem Titel »Die Religion der Gesellschaft« erschienen wäre, hätten die Leute Luhmann als Urheber vermutet. Da Kant erst die reine (1787), dann die praktische Vernunft (1788) und schließlich die Urteilskraft (1790) kritisiert hatte, glaubte man, dass er sich nun der Religion zuwandte. Kant stellte mit geschickt lobenden Worten für Fichte den Irrtum richtig.

Der enttarnte Verfasser der Offenbarungskritik stand nun im Ruf des bürgerlich Radikalen, der weiter ging als selbst der kritischste Kopf der Zeit. Was daraus bei Fichte später wurde, würde man heute eher nicht »links« einordnen. Fichtes erster Systemtext aber reitet auf einem »Ich« herum, das bürgerlich-emanzipatorischer gar nicht gedacht sein könnte: Die Gedankenfreiheit des Individuums als Zeichen für den nicht mehr über seinen Stand definierten Bürger, der auf sich gestellt »sein Glück machen« kann, ist Leitstern seiner Denkentwicklung.

Schicksal heißt Geschichte: Hegels Laufbahn als Denkweg

Unter jenem Stern steht auch das *älteste Systemfragment*, das Hegels Hand fünf Jahre nach Erscheinen der Fichte'schen Religionskritik niederschrieb. Das geschah vermutlich in Frankfurt. Dorthin war Hegel gezogen, weil sich ihm unerwartet die Gelegenheit ergeben hatte, den Beruf, den er in Bern ausgeübt hatte, am Main und damit wenigstens etwas näher am Bekannten auszuüben.

1799 starb sein Vater. Eine überschaubare Erbschaft erlöste den jungen Denker von der Hauslehrerei. Zwei Jahre später habilitierte er sich auf Vermittlung Schellings in Jena. Hegels erste philosophische Schrift stellt sich in einem von ihr skizzierten Positionenstreit mehrdeutig auf die Seite des jüngeren Freundes: In *Die Differenz des Fichteschen und Schellingschen Systems der Philosophie* (1801) setzt sich Hegel über eine eigene Spielart von Kritik, die abgelehnte Urteile oder Vorurteile nicht mehr (wie bei Kants Vernunft- und Fichtes Religionskritik) angreift, sondern auseinander hervor- und ineinander übergehen lässt, auf seiltänzerische Weise sowohl von Fichtes subjektivem wie von Schellings objektivem Idealismus ab.

Was da Gestalt annehmen will, ist ein »absoluter« Idealismus.

Der »subjektive« Idealismus Fichtes, im Brief an Hegel vom 26. Januar 1795 paraphrasiert durch Hölderlin, will »über das Faktum des Bewußtseins in der Theorie hinaus«: Fichtes »absolutes Ich«, so Hölderlin, »enthält alle Realität, es ist alles und außer ihm ist nichts.« Man darf hier an die alte bürgerliche Idee des *self-made man* denken, der etwa ein Internet-Startup gründet und dabei vergisst, dass das Internet in der Militärtechnik und der Großforschung seinen Ursprung hat, also vom Gemeinwesen per Steuern finanziert ist. Die Wirtschaftsgemeinschaft, die über den Markt hinausreicht, bringt das Marktsubjekt hervor.

Diesem Muster wird ein »objektiver Idealismus« gerechter als ein subjektiver: Zwar passiert nichts, wenn es die Subjekte nicht machen, und alle Wirklichkeit gibt's fürs Denken nur als Denken, aber andererseits gibt's auch keine Gedanken, die nicht von etwas handeln, und die Gesamtheit all dessen, was gedacht werden kann, ist eben objektiv.

Noch in theologische Sprache gekleidet, heißt das bei Baruch de Spinoza »Gott, oder auch die Natur« (die Formel »Deus

Hegel mit Schülern, Lithographie (1828) von Franz Theodor Kugler (1808–1858).

sive Natura« taucht in Spinozas Hauptwerk, der *Ethik* (1677), teilweise dekliniert und mit synonymen Konjunktionen verbunden auf). Das war kein bloß gelehrtes Gedankenspiel – zur Formel »Nature's God« abgedämpft taucht dieselbe Idee in Thomas Jeffersons amerikanischer Unabhängigkeitserklärung auf (dieser Text, der mit der Bürgschaft Gottes für die feudale Ordnung kurzen Prozess macht, wurde 1776 publik, als Hegel und Schelling sechs Jahre alt waren).

Der Idealismus ist ein Hochplateau bürgerlichen Emanzipationsdenkens, weil er Begriffe kritisiert und systematisiert, statt sie einfach aus der Tradition und von der (weltlichen oder kirchlichen) Autorität zu übernehmen. Hegels »absoluter« Idealismus setzt weder das Subjekt noch das Objekt an den Anfang oder ans Ende, sondern behauptet beider Geschichtlichkeit auf der gesamten Bahn des Gedankens, durch Entäußerung, Entfremdung und manch anderes, gefahrenreiches Schicksal hindurch.

Durchdrungen von diesem Programm wird Hegel in Jena Philosophieprofessor.

Mit Schelling gründet er 1802 das *Kritische Journal der Philosophie* und macht sich an die erste Iteration seines Systems, die *Phänomenologie des Geistes.* Die Zusammenarbeit mit Schelling, die später (und über Hegels Tod hinaus) mehr und mehr Züge der Konkurrenz, dann des Kampfes annehmen wird, gereicht beiden zunächst zum Vorteil. Dem Dritten aus dem alten Tübinger Bund ergeht es derweil schlecht, wie ein Brief Schellings an Hegel aus Cannstatt vom 11. Juli 1803 erzählt:

> Der traurigste Anblick, den ich während meines hiesigen Aufenthalts gehabt habe, war der von – Hölderlin. Seit einer Reise nach Frankreich, wohin er auf eine Empfehlung von Prof. Ströhlin mit ganz falschen Vorstellungen von dem, was er bei seiner Stelle zu tun hätte, gegangen war und woher er sogleich wieder zurückkehrte, da man Forderungen an ihn gemacht zu haben scheint, die er zu erfüllen teils unfähig war, teils mit seiner Empfindlichkeit nicht vereinen konnte – seit dieser fatalen Reise ist er von Geist ganz zerrüttet und, obgleich noch einiger Arbeiten, z. B. des Übersetzens aus dem Griechischen, bis zu einem gewissen Punkte fähig, doch übrigens in einer vollkommenen Geistesabwesenheit. Sein Anblick war für mich erschütternd: Er vernachlässigt sein Äußeres bis zum Ekelhaften und hat, da seine Reden weniger auf Verrückung hindeuten, ganz die äußeren Manieren solcher, die in diesem Zustande sind, angenommen.

Was immer die konkreten, klinisch besonderen Ursachen des psychischen Zusammenbruchs waren, den Hölderlin erlitt (eine zeitgenössische Quelle spricht von Manie infolge der Krätze, spätere, meist aus der Ferne erstellte Diagnosen bescheinigen dem Armen eine Psychose), und welche sozialen, gar politischen Faktoren das Leid des Zerbrechenden verschärft haben mögen (eine unglückliche Liebe und die staatliche Verfolgung des Freundes Sinclair wegen radikalbürgerlicher Umtriebe etwa) – von diesem »schlechten Besonderen« des Falles abgesehen, liegt das Allgemeine der traurigen Geschichte auf der Hand: Die heftigen Gezeitenwechsel zwischen Subjektivität und Objektivität, die den Zeitabschnitt prägten, konnte nicht jedes Gemüt schad- und klaglos ertragen. Denn Individuum und Gesellschaft waren jetzt gezwungen, einander auf neue Art wechselseitig hervorzubringen, büßten aber im Gewinn von Freiheitsgraden (nicht nur fürs Subjekt: Auch das Gemeinwesen wurde intern beweglicher, »funktional ausdifferenziert«, wie Luhmann sagt) zugleich Stabilitätsattribute ein, die älteren Verhältnissen eigen gewesen waren.

Nicht nur die geistige Verfassung der an ihrem Zeitalter Anteil nehmenden Köpfe war bedroht, sondern auch ihr Gefühlshaushalt. In der schönen Literatur jener Zeit spiegelt sich das als Schaukelbewegungen zwischen rational-klassizistisch-apollinischer Ästhetik einerseits und irrational-dionysischer andererseits, also zwischen erst Aufklärung, dann Sturm und Drang, dann Klassik, dann Romantik. Im einzelnen Leben erzeugte derselbe Tumult, der die Kunst durcheinanderbachte, die Schwierigkeit, sich in einer nicht mehr ständischen, das intime Leben als Gegenstand quasi dynastischer (Familien-) Planung selbst bei niederen Ständen organisierenden Welt zurechtzufinden. Die individuelle Liebe als neue Lebensgestaltungswahrheit entspricht im Intimen dem »pursuit of happiness« des Marktsubjekts; aber diese Liebe will mit der bürgerlichen Sicherheit in der überkommenen Form der Ehe abgeglichen sein.

Hegel persönlich ließ sich Zeit damit. Eine innige beiderseitige Anhänglichkeit verband ihn zunächst mit seiner Schwester Christiane; im Übergang von Bern nach Frankfurt liebte er eine Freundin dieser Schwester namens Nanette. In Jena dann zeugte er mit seiner Hauswirtin, die verheiratet war und bereits Kinder hatte, einen unehelichen Sohn. Diese unordentlichste seiner Liebesgeschichten fiel in eine für ihn ohnehin bewegte Zeit, persönlich wie politisch: Persönlich arbeitete er an seinem ersten Hauptwerk, der *Phänomenologie des Geistes*, politisch stand man seinerzeit in einem deutsch-französischen Krieg. Preußen kämpfte mit Frankreich, das von Napoleon regiert wurde. Innenpolitisch war dieser Herrscher damit befasst, die nachrevolutionären Wirren so zu ordnen, dass zumindest die wichtigsten Neuerungen des bürgerlichen Gesetzbuches gegenüber der Feudalzeit und dem Absolutismus nicht mehr verlorengingen. Die neuen Gesetze brachte er auch den Gegenden, die er besiegte und besetzte. In der Schlacht bei Jena und Auerstädt schlug er die Preußen am 14. Oktober 1806. Am Montag, dem 13. Oktober 1806 schrieb Hegel dem Konsistorialrat und Theologen Niethammer in Bamberg:

> Den Kaiser – diese Weltseele – sah ich durch die Stadt zum Rekognosieren hinausreiten; es ist in der Tat eine wunderbare Empfindung, ein solches Individuum zu sehen, das hier auf einem Punkt konzentriert, auf einem Pferde sitzend, über die Welt übergreift und sie beherrscht. Den Preußen

Abbildung aus dem Artikel von Poultney Bigelow (1855-1954) *The German Struggle for Liberty*, Harper's Magazine No. 91 Juni bis November 1895, S. 202–218; hier S. 209.

(gestern sagte man, der König von Preußen habe sein Hauptquartier in Kapellendorf, einige Stunden von hier; wo er heut ist, wissen wir nicht, aber gewiß weiter weg als gestern; die Herzogin und ihre Prinzessin war entschlossen, in Weimar zu beiben) war freilich kein besseres Prognostikon zu stellen; aber von Donnerstag bis Montag sind solche Fortschritte nur diesem außerordentlichen Manne möglich, den es nicht möglich ist, nicht zu bewundern.

Nach überstandener globaler Aufregung ordnet Hegel sein Leben lokal. Die *Phänomenologie* erscheint, die Professur wird aufgegeben. Hegel zieht nach Bamberg um, übernimmt dort 1807 die Redaktion der *Bamberger Zeitung*, wird aber bereits ein Jahr später Professor der Vorbereitungswissenschaften und Gymnasialrektor in Nürnberg. Dort regelt er seine Herzensangelegenheiten, indem er, nun 41 Jahre alt, die 20-Jährige Marie von Tucher heiratet.

1812 erscheint die zweite Iteration des Systems, *Die Wissenschaft der Logik*.

Wer das Buch lesen will, muss wissen, dass es gegen die heute im Wissenschaftsbetrieb gängige Vorstellung davon, was *die* oder *eine* Logik sei, drastisch verstößt.

Diese in unseren Tagen gängige Auffassung entstand erst nach Hegels Tod durch die Kalkülforschungen von Leuten wie George Boole und Gottlob Frege. In Hegels Logik findet man nirgends die von jenen gebrauchten, derzeit in solchem Zusammenhang erwarteten Zeichen für Operatoren wie »oder«, »und«, »impliziert«, »es gibt«, »für alle«, keine Formelsprache für die Präzisierung, Systematisierung und Operationalisierung der schon aus der griechischen Antike überlieferten abendländichen Bräuche des Schließens.

Hegel verbindet in seinem Buch vielmehr die traditionell *logische* Frage nach der Zulässigkeit oder Unzulässigkeit von Ableitungen irgendwelcher Aussagen aus anderen Aussagen ständig und von Anfang an mit der *ontologischen* Frage danach, was es überhaupt gibt (bei ihm ist das bekanntlich »der Geist«) sowie mit der *epistemologischen* danach, was und wie »der Geist« erkennen kann. Jede dieser drei Fragen kann bei ihm sogar *als Frage* eine andere beantworten, und gar noch, wie er sagt, »auf höherer Stufe«. Gesagt wird damit: »Manchmal, gerade bei besonders guten Fragen, kommt keine Antwort heraus, sondern, wenn man sich die Frage genau anschaut, nur, aber immerhin, eine bessere Frage.«

Da der Kerngedanke der *Wissenschaft der Logik* der ist, dass das Vorhandensein der Welt im Fortschreiten zu ihrer Selbsterkenntnis als Geist besteht, ist das Buch »fortschrittlich« in einem viel grundsätzlicheren Sinn als die Arbeiten früherer bürgerlicher Köpfe, etwa der *Entwurf eines historischen Gemäldes der Fortschritte des menschlichen Geistes* (1993) von Marie Jean Antoine Nicolas Caritat, Marquis de Condorcet. Dessen Fortschittlichkeit war *Optimismus*: Der Franzose dachte, es werde auf Erden aus innerer Notwendigkeit alles immer besser und menschenwürdiger.

Damit nahm er etwas nicht ernst, das bei Hegel der springende Punkt ist, nämlich dass der Weg zum Besseren ein widersprüchlicher ist und dass das Leben sein Denken oft ins Gegenteil der Gedankenfreiheit hinabzieht, in den Schmerz nämlich, der als starkes Empfinden das Denken überwältigen und blockieren kann. Hegel aber fand selbst im Schmerz den Geist, wie man in der Wissenschaft der Logik lesen kann: »Wenn man sagt, daß der Widerspruch nicht denkbar sei, so ist er vielmehr im Schmerz des Lebendigen sogar eine wirkliche Existenz.«

Die »wirkliche Existenz« des Schmerzes traf auch Menschen, die ihm nahestanden. So sah er Hölderlins Kollaps, und ähnlich erlebte er die Gemütsverfinsterung der geliebten eigenen Schwester, die sich zunächst als Eifersucht gegenüber der jungen Frau des Bruders äußerte. Im Laufe der Jahre nahm Christianes Zustand Züge an, die ihre Seele in die Nähe der Paranoia zerrten, wofür auch Erfahrungen mitverantwortlich waren, die sie mit ihrem radikalbürgerlichen Engagement machen musste.

Hegel konnte auf dieses Leiden keinen hilfreichen Einfluss nehmen. Im persönlichen Leben, dem eigenen wie dem des Freundes Hölderlin und dem der Schwester, die ihn beide in ihrem Unglück überleben sollten, waren seine Talente wirkungslos.

Groß aber war ihr Effekt im deutschen Geistesleben. Nach dem Erscheinen der *Wissenschaft der Logik* begann man zu erkennen, was sich hier abspielte, und rief den Philosophen 1816 nach Heidelberg, wo er auf seiner ersten echten universitären Vollzeitstelle nun Vorlesungen über die klassischen philosophischen Module wie Logik oder Metaphysik hielt und außerdem Rechtsphilosophie lehrte.

1817 veröffentlichte Hegel die dritte, wohl schlüssigste (aber auch um einige der reizvollsten Widersprüche früherer Versionen bereinigte) Iteration seines Systems. Mit der Publikation der *Enzyklopädie der philosophischen Wissenschaften* begriff nicht mehr nur die gelehrte Welt, sondern schließlich auch die Staatspolitik, wer ihr da mit Untersuchungen und Einfällen zur Selbstverwirklichung der Vernunft in der Geschichte auf die Beine helfen wollte.

1818 holte man Hegel nach Berlin, er übernahm Fichtes ehemaligen Lehrstuhl. Auf dieser letzten Station seiner Laufbahn verteidigte er nun sowohl im Amt wie als fleißiger Publizist in den Debattenjournalen der Zeit just die Sorte Ordnung, die er Ende des 18. und Anfang des 19. Jahrhunderts herbeigesehnt hatte: eine aufgeklärte (freilich nicht »von unten«, mittels Massenaufstand und per revolutionärer Massenloyalität, sondern durchaus autoritär durchgesetzte) Gesellschaft inklusive Schutz der Bürgerrechte vor den Sonderinteressen althergebrachter Nutznießer ständischer Tradition.

Eine törichte Legende sagt, Hegel sei vom jungen Staatsfeind zum reaktionären Rechtfertigungsredner der preußischen Macht geworden. Sie kennt allein die autoritäre Form von Hegels politischen Äußerungen und ignoriert mutwillig deren sozialen Inhalt.

Wenn der Berliner Hegel gegen ihm verhasste »Demagogen« hart wurde bis zur Denunziation, dann traf sein Zorn dabei nicht revolutionäre Agitatoren wie Jean Paul Marat, Thomas Paine oder Lenin, sondern deutschtümelnde Rebellen, die sich mit demselben Recht »freiheitlich« nannten wie heute in Österreich die rechte FPÖ das tut.

Spätestens nach den Erfahrungen der Weimarer Republik sollte man in Deutschland wissen, dass es nicht nur emanzipatorische Aufstände gibt (anderswo, in Frankreich und Amerika vor allem, hat sich das schon seit dem Vendéekrieg und der *pro-slavery rebellion* der Südstaaten gegen die USA herumgesprochen). Hegel misstraute dem Freiheitsgeschrei der Radaubrüder so sehr wie Goethe das tat, der schrieb:

> Steht die Gewalt bey Einem, so ist die Menge unterwürfig; ist die Gewalt bey der Menge, so steht der Einzelne im Nachtheil; dieses geht denn durch alle Stufen durch, bis sich vielleicht irgendwo ein Gleichgewicht, jedoch nur auf kurze Zeit, finden kann. Dem Geschichtsforscher ist es kein Geheimniß; in bewegten Augenblicken des Lebens jedoch kann man darüber nicht ins Klare kommen. Wie man denn niemals mehr von Freyheit reden hört als wenn eine Parthey die andere unterjochen will und es auf weiter nichts angesehen ist, als dass Gewalt, Einfluß und Vermögen aus einer Hand in die andere gehen sollen. Freyheit ist die leise Parole heimlich Verschworner, das laute Feldgeschrey der öffentlich Umwälzenden, ja das Losungswort der Despotie

> selbst, wenn sie ihre unterjochte Masse gegen den Feind anführt und ihr von auswärtigem Druck Erlösung auf alle Zeiten verspricht.

Den »auswärtigen Druck« Napoleons wollten die deutschen Freiheitskrieger damals als Erstes loswerden, dann wohl überhaupt die Belästigung durch Fortschritte der Gesittung.

Hegel hat es hierin bis zum Tod mit Goethe gehalten und mit dem ideellen Bonapartismus, mit der deutschen Klassik, mit der Vision des absoluten Idealismus.

So steht seine Philosophie als eine Denkart, die mehr will als das Überkommene zu kritisieren, in genau dem Ausmaß in Kraft und Komplexität höher als diejenige Kants, in dem auch die literarischen Zeugnisse der deutschen Klassik, vor allem Goethes Werk also, nach demselben Maß über dem Schaffen Christoph Martin Wielands oder Gotthold Ephraim Lessings stehen.

Diese Aufklärer sichteten die deutsche Misere und schrieben dagegen an. Goethe und Hegel wollten mehr: Deutschland sollte Teil der neuen Welt sein, die sich der späte Hegel, anders als der Königsberger Kant, im letzten Lebensabschnitt zumindest auschnittsweise auch wirklich angeschaut hat. So besuchte er Brüssel, die Niederlande, Paris, dazwischen den bewunderten Goethe, der lange vorher (hier schloss sich ein Kreis) dafür gesorgt hatte, dass Schelling in Jena wirken konnte, der wiederum Hegel förderte, dessen Wirkwille Richtung Gesellschaft teils als Geschichts-, teils als Rechtsphilosophie ihr Reifestadium erreichte, Letzteres in Gestalt der Schriften *Grundlinien der Philosophie des Rechts* und *Naturrecht und Staatswissenschaft.* Diese Texte kodifizieren, was ansonsten nur verstreut in zahllosen Texten Hegels über seine Stellung zur Zeit zu finden wäre; sie waren entscheidende Anregungen für den jungen Karl Marx, der in ihrer Kritik zu eigenen Überzeugungen gelangte. Verneinen musste er bei dieser Kritik nicht viel; Hegels Urteile über die weniger hübschen Seiten der bürgerlichen Gesellschaft nehmen bereits einiges vom Standpunkt der Idee her aufs Korn, das Marx bald in die Begriffe sozialer Bewegung übersetzen sollte.

Hegels Wirkung auf die sogenannten »Junghegelianer«, den linken Flügel der in Berlin geborenen Gefolgschaft, ist nicht sein einziges Nachweltecho, nur das bekannteste.

Als er am 14. November 1831 starb, kam das für seine nähere Mitwelt überraschend.

Ursache mag, wie der offizielle Totenbericht sagt, die damals in Berlin wütende Cholera gewesen sein, aber auch eine ungeklärte Magenerkrankung. Das, was danach nicht mehr lebte, war nach seinem eigenen Selbstverständnis jedenfalls weder das Allgemeine noch das Absolute an Hegel. Er hat es nie wichtiger genommen als selbst die unscheinbarste Idee.

Was aus dem Geist folgt
oder:
Hegels widersprüchliche Wirkung

> I would describe it as
> an invisible darkness.
> Chuck Schuldiner

Dialektik zwischen Idealismus und Materialismus

Die bekanntesten Folgen der Lehre Hegels sind mit dem Namen seines Schülers Marx verknüpft. Adorno, seinerseits Schüler beider, erzählt in einer Polemik gegen die Verflachung von Hegels Erbe vom Kulturhistoriker Franz Borkenau: Der habe seinen Abschied von der Kommunistischen Partei damit erklärt, es sei ihm unerträglich geworden, dass man dort »über Stadtverordnetenbeschlüsse in Kategorien der Hegelschen Logik und über die Hegelsche Logik im Geist von Stadtverordnetenversammlungen« geredet habe.

So lustig das ist, so ernst sollte man die Bekenntnisse zu Hegel aus der marxistischen Sphäre nehmen. Auf den ersten Blick befremdet zwar die Vorstellung, politischer Aktivismus bedürfte Hegel'scher Spekulation. Schon Friedrich Engels aber, der erste echte Marx-Evangelist, schrieb an den Philosophen, Ökonomen und Sozialdemokraten Conrad Schmidt, der darum gebeten hatte, ihm zu helfen, Marx zu verstehen, am 1. November 1891: »Ohne Hegel geht's natürlich nicht.« Als Erstes empfiehlt der Tutor die kurze Logik in der *Enzyklopädie* und führt dazu aus:

> Da jede Kategorie bei Hegel eine Stufe in der Geschichte der Philosophie vertritt (wie er auch meist solche angibt), werden Sie gut tun, die ›Vorlesungen über Geschichte der Philosophie‹ – eins der genialsten Werke – zu vergleichen.

Die Empfehlung hat freilich Grenzen, die Engels selbst zieht:

> Die Verkehrung der Dialektik bei Hegel beruht darauf, daß sie ›Selbstentwicklung des Gedankens‹ sein soll und daher die Dialektik der Tatsachen nur ihr Abglanz, während die Dialektik in unserm Kopf doch nur die Widerspiegelung der sich in der natürlichen Welt vollziehenden, dialektischen Formen gehorchenden, tatsächlichen Entwicklung ist.

Der Neugierige sollte Hegel nur als Durchgang zu Marx verstehen:

> Vergleichen Sie einmal die Entwicklung bei Marx von der Ware zum Kapital mit der bei Hegel vom Sein zum Wesen, und Sie haben eine ganz gute Parallele, hier die konkrete Entwicklung, wie sie sich aus den Tatsachen ergibt, dort die abstrakte Konstruktion, worin höchst geniale Gedanken und stellenweise sehr richtige Umschläge, wie der der Qua-

lität in Quantität und umgekehrt, zu einer scheinbaren Selbstentwicklung des Begriffs aus einem anderen verarbeitet werden, deren man auch ein Dutzend andrer hätte fabrizieren können.

Wenn man das, was Engels hier briefgemäß formlos übers Verhältnis des Hegel'schen Idealismus zum Marx'schen Materialismus sagt, nur oberflächlich liest, sieht es so aus, als wären Hegel und Marx Dualisten gewesen, also Leute, die annehmen, es gäbe im Universum zweierlei Sorten von Sachen, geistige und materielle.

Solche Leute können sich, wenn sie wollen, darüber streiten, welche die primäre und welche die abgeleitete Sachensorte sei, »was war zuerst da, die Henne oder das Ei?«

Descartes zum Beispiel kannte einerseits eine Denksache (*res cogitans*), die ortlos ist, wenn auch nicht zeitlos, und andererseits eine in Raum und Zeit ausgedehnte Stoffsache (*res extensa*).

Hegel war aber Monist, nicht Dualist. Es gab für ihn nur eine Sorte Sache, den Geist. Er ging buchstäblich davon aus (und zielte buchstäblich darauf ab), dass alles, was nicht Geist zu sein scheine, Geist in »Selbstentäußerung« sei. Für Hegel ist die Frage daher gar nicht formulierbar, ob der Geist vom Nichtgeist »gespiegelt« werde oder der Nichtgeist vom Geist, weil es überhaupt nur Geist gibt. Ob man die einzige Sachensorte, die es gibt, »Geist« nennt oder »Materie«, ist fast gleichgültig, insofern die Unterscheidung selbst, sieht man die Welt monistisch, nur eine Scheinunterscheidung sein kann.

Das beschäftigt die Philosophie noch im 21. Jahrhundert, etwa beim britischen Philosophen Galen Strawson, der lehrt, »wirklicher Materialismus« dürfe das Denken nicht erst am

Ende einer Entwicklung des Materiellen (etwa: vom Unbelebten zum Belebten, dann vom gedankenlos Belebten zum denkenden Belebten usw.) suchen, sondern müsse es zumindest der Anlage nach von Anfang an in der Materie vermuten. Bei Strawson wird daraus der verblüffende (und dem Beweisgang nach nicht ganz seriöse) Trick, Monismus und Materialismus mit der Lehre zu identifizieren, alles sei beseelt, dem Panpsychismus (nachzulesen etwa in Galen Strawsons Buch *Real Materialism and Other Essays* aus dem Jahr 2008). Was jedoch Engels tatsächlich meint, wenn er Hegels Dialektik der »Verkehrung« des Wirklichen bezichtigt, ist nicht, dass Marx und Hegel Dualisten gewesen wären, deren Bestimmung der Beziehung zwischen Materie und Geist nur im Vorzeichenwechsel verschieden war. Man versteht das, was Engels mit Marx »dialektischen Materialismus« nennt und was die korrekte Bestimmung jener Beziehung für ihn ausmacht, nur dann, wenn man weiß, dass Marx das, was die französische Aufklärung und, ihr folgend, der deutsche Denker Ludwig Feuerbach »Materialismus« nannten, in einer entscheidenden Hinsicht präzisiert und so grundsätzlich verändert hat.

Laut Marx geht es im Konflikt zwischen Idealismus und Materialismus nicht um Sätze wie »Tisch und Stuhl sind materielle Sachen, Gespenster und Ideale sind geistige«, sondern um unterschiedliche Auffassungen davon, wie Menschen sich Sachen aneignen oder sie erzeugen. In seinen später sogenannten *Thesen über Feuerbach*:

> Die Frage, ob dem menschlichen Denken – gegenständliche Wahrheit zukomme – ist keine Frage der Theorie, sondern eine *praktische Frage*. In der Praxis muß der Mensch die Wahrheit i.e. die Wirklichkeit und Macht, Diesseitigkeit

> seines Denkens beweisen. Der Streit über die Wirklichkeit oder Nichtwirklichkeit des Denkens, das von der Praxis isoliert ist, ist eine rein *scholastische* Frage.

Ferner:

> Das höchste, wozu der anschauende Materialismus kommt, d. h. der Materialismus, der die Sinnlichkeit nicht als praktische Thätigkeit begreift, ist die Anschauung der einzelnen Individuen und der bürgerlichen Gesellschaft.

Diesen Standpunkt nun, den ich auch mit dem »Subjekt« des Deutschen Idealismus verglichen habe, lässt Marx als unzureichend zurück, im Namen allgemeiner praktisch-menschlich-sinnlicher Tätigkeits- und Denkmöglichkeiten. Engels stellt in seinem Brief über Hegel und Marx zwei davon einander gegenüber: Bei Hegel, sagt er, bedeutet »Dialektik« Hegels eigene Arbeit des Auseinanderhervorzauberns von Begriffen, die man auch anders verbinden könnte, als Hegel es tut, also ein zwar konstruktives, aber stets von Beliebigkeit bedrohtes Tun.

Bei Marx dagegen heißt »Dialektik« die Darstellung der widersprüchlichen Abhängigkeit realer, von Menschen praktisch freigelegter oder geschaffener Praxisgelegenheiten oder Praxisunmöglichkeiten voneinander. Menschen können zum Beispiel einem Ding einen Preis zuschreiben, wenn den jemand bezahlt; aber sie können nicht gegen den Energieerhaltungssatz verstoßen, indem sie aus nichts etwas machen.

Die Tätigkeit des Denkers Marx benutzt somit die dialektischen Kategorien, die Hegel *konstruktiv* und *synthetisch* verwendet, stattdessen *kritisch* und *analytisch.*

Als treuer Marxschüler hält es Engels genauso, zum Beispiel mit der Hegel'schen Kategorie der »Vermittlung«, die er in einem anderen Brief, diesmal an Franz Mehring, geschrieben am 14. Juli 1893, dazu gebraucht, eine menschliche Praxis zu zerlegen, die man »Ideologieproduktion« nennt:

> Die Ideologie ist ein Prozeß, der zwar mit Bewußtsein vom sogenannten Denker vollzogen wird, aber mit einem falschen Bewußtsein. Die eigentlichen Triebkräfte, die ihn bewegen, bleiben ihm unbekannt; sonst wäre es eben kein ideologischer Prozeß. Er imaginiert sich also falsche respektive scheinbare Triebkräfte. Weil es ein Denkprozeß ist, leitet er seinen Inhalt wie seine Form aus dem reinen Denken ab, entweder seinem eignen oder dem seiner Vorgänger. Er arbeitet mit bloßem Gedankenmaterial, das er unbesehen als durchs Denken erzeugt hinnimmt und sonst nicht weiter auf einen entfernteren, vom Denken unabhängigen Ursprung untersucht, und zwar ist ihm dies selbstverständlich, da ihm alles Handeln, weil durchs Denken *vermittelt*, auch in letzter Instanz im Denken *begründet* erscheint.

Engels gebraucht den hegelschen Begriff »Vermittlung« da wie ein Arzt ein Präzisionswerkzeug der Laser-Augenchirurgie. Es sieht so leichthändig aus, dass man Lust bekommt, es nachzumachen – als Hausaufgaben wären Übungen denkbar; man könnte etwa nachzeichnen,

1. wie einige Köpfe der »analytischen Philosophie« alles Denken, weil es durch Sprache vermittelt ist, auch für in letzter Instanz in Sprache begründet halten,
2. wie, in Gegenrichtung, »materialistisch« statt »idealistisch«,

der Denker Friedrich Kittler, der das Bonmot »Es gibt keine Software.« prägte, weil Rechnungen im Computer immer auf physischem Substrat laufen, mit diesem Lehrsatz alles maschinelle Rechnen, da durch Hardware vermittelt (Logikgatter, Schaltkreise), auch für in letzter Instanz in Hardware begründet hielt (und damit die lebendige Arbeit der Programmiererin oder des Programmierers aus der Sache herauskürzte, für die sich eine an Marx geschulte materialistische Analyse des Computerwesens am meisten interessieren müsste),

3. wie der Soziologe Niklas Luhmann alle gesellschaftliche Praxis, da durch Kommunikation vermittelt, auch für in letzter Instanz in Kommunikation begründet hält.

Fortgeschrittene können die Arbeit politisch angehen und zeigen,

4. wie die sogenannten »Identitären« und andere Rechte glauben, nur weil in der Vergangenheit die Teilhabe am gesellschaftlichen und staatlichen Leben durch ethnische und andere Abstammungskriterien vermittelt war, sei jede Vergesellschaftung in derlei begründet. Diesen Giftzahn kann ihnen nämlich ziehen, wer weiß, was Hegel mit dem Wort »Vermittlung« gefunden hat – eine Sorte Notwendigkeit nämlich, die (hier wird's erst richtig dialektisch) zwar *notwendig* ist, aber *nicht notwendigerweise notwendig*, sondern selbst veränderlichermaßen. Das, was etwas vermittelt, gehört zu einem bestimmten Zeitpunkt der Untersuchung notwendig dazu, könnte aber eines Tages in der Zukunft *nicht mehr* notwendig dazugehören oder in der Vergangenheit *noch nicht* notwendig dazugehört haben.

So ist in Hegels Werk, um die Übung zuletzt auf ihn selbst anzuwenden, der Gehalt der *Phänomenologie des Geistes* durch den der *Wissenschaft der Logik* vermittelt und jeder von beiden durch den der *Enzyklopädie*, aber das heißt eben nicht, dass man eins der zwei Bücher auf ein anderes aus dieser Trias reduzieren sollte (wie mit der Losung: »In der *Enzyklopädie* steht auch nur das, was in der *Phänomenologie* oder der *Wissenschaft der Logik* steht, nur ein bisschen anders«). Wo man dies tut, verfehlt man das Ganze, das nach Hegel »das Wahre« ist.

Die Kunst und ihr ewiges Ende

Während die politische Brisanz der Verwendungen Hegel'scher Hinterlassenschaften durch Marx dafür gesorgt hat, dass man über Hegel heftig debattiert hat, entfalteten andere Taten des Verewigten ihre Folgen weniger lärmend, aber ähnlich tief. Die Effekte seiner Ästhetik gehören unter diesen zu den Interessantesten.

Dass Hegels Kunstlehre überhaupt ein Nachleben beschieden ist, scheint sie anzufechten. Denn er hat ihrem Gegenstand gerade keine Zukunft, sondern den Tod vorhergesagt: Die Kunst, urteilte er, müsse ebenso sicher aufhören, wie sie eines frühen Tages aus der Weltwerdung des Geistes hervorgegangen ist. Beides entspricht seiner Grundbestimmung, »Kunst« habe »die Darstellung der Wahrheit des Daseins zum Gegenstand«. Darstellungsweisen (von was auch immer) aber sind für Hegel, falls man das Wort »historisch« steigern kann (und wo, wenn nicht bei ihm, sollte das möglich sein?) noch erheblich historischer als Vorstellungsweisen.

Vorstellungen können wenigstens statisch gefasst sein (»Dies *ist* ein Tisch.«) und aus einem früheren Stadium des Entwicklungsgangs in ein späteres übernommen werden. Darstellungsweisen dagegen sind unablöslich an den Stand des Könnens der Darstellenden gebunden. Außerdem sind sie erzkommunikativ, weil immer jemand *für jemanden* etwas darstellt, nicht für niemanden. Sie funktionieren daher, wie der Hegelinterpret Robert B. Brandom sagt, »recollective« – in Gemeinschaften, die sich zusammen (»collective«) erinnern (»to recollect«), wie sie die wurden, die sie sind. Wenn Kunst *Wahrheit* darstellt und nicht einfach (wie naiver Realismus will) *Wirklichkeit*, wenn sie also Elemente und Funktionen von Wirklichkeit *gewichtet* und nicht nur sagt, etwas sei so und so, sondern es sei richtig, zu sagen, etwas sei so und so, und damit diese Richtigkeit als (zum Beispiel, aber nicht nur: moralische) *Haltung* möglich macht, dann hängt ihre *eigene* Wirklichkeit davon ab, welche und wie viel Wahrheit auf der jeweiligen Entwicklungsstufe der *recollective* Tätigkeit schon erkannt worden ist und auf dieser Stufe überhaupt erkannt werden kann.

Wahrheit ist, anders als Wirklichkeit, kein Naturzustand, sie ist erarbeitet, erdacht, gemacht. Steine gibt's einfach so, die Wahrheit über Steine muss jemand rausfinden (Hegels Vorfahr Giambattista Vico sagt einprägsam: »Verum et factum convertuntur«).

Ein Baum kann nicht wahr sein, ein *Satz* über einen Baum schon: »Dieser Baum ist eine Tanne und verliert gerade seine Nadeln«. Darstellungsarbeit ist dort, wo Wahrheit dargestellt wird, also nicht einfach Wahrnehmungsarbeit. Das künstlerische *Abbild* einer Sache, eines Sachverhalts oder einer Idee ist nicht deren einfacher *Abdruck* (die gründlichste Darlegung der

Hegel, Bildnis aus dem Jahre 1831 von Johann Jakob Schlesinger (1792–1855)

epistemisch-ästhetischen Konsequenzen dieser Einsicht gelang dem hervorragenden Hegelianer und Marxisten Hans Heinz Holz in seiner dreibändigen, 1996 und 1997 erschienenen *Philosophischen Theorie der bildenden Künste*).

Hegel warnt vor jedem Versuch, die künstlerische Subjektivität als vernachlässigbare, begriffsarme oder gar begriffslose Abbilderzeugungsmaschine fehlzudeuten:

> Ohne Besonnenheit, Sonderung, Unterscheidung vermag der Künstler keinen Gehalt, den er gestalten soll, zu beherrschen, und es ist töricht, zu glauben, der echte Künstler wisse nicht, was er tut.

Der Einwand hiergegen: »Was ist mit Improvisation, mit Free Jazz, automatischem Schreiben oder aleatorischer Kunst?« ist leicht entkräftet: Sie alle verlangen auch eine Art Besonnenheit, nämlich die Versenkung des Bewusstseins in die Unterscheidungen zwischen dem, was am Spiel frei ist (Welche Noten will ich spielen, wenn mir das keine Harmonierezepte mehr vorschreiben?) und dem, was daran nicht frei ist (Wenn ich nicht die Taste des Klaviers drücke, wenn ich nicht in die Trompete blase, spiele ich gar keinen Ton). Nicht einmal der Einwand, »Was ist mit Kunst, die unter Drogen entsteht?«, sticht: Der Rausch ist hier das Mittel der »Sonderung«, nämlich der Trennung von der Alltagswahrnehmung und ihren Inhalten.

Man kann die Binnengesetzlichkeit der Kunstarbeit natürlich ignorieren, sagt Hegel, dann wird die Kunst halt schlecht – wo Poesie bloß Natur nachplappert, nur aus der Anschauung kommt, bringt sie »beschränkte Gestalten« hervor; erst wenn die Kunstschaffenden, wie Hegel das sehr schön nennt, »Philosophie der Natur« haben, wenn sie *denken*, passiert Kunstgemäßes.

Die kürzeste Zusammenfassung seiner Kunstlehre gibt Hegel in der *Enzyklopädie der philosophischen Wissenschaften.* In einem einzigen Absatz verbindet er da die wichtigsten aller heute noch diskutierten Kunstuntersuchungsansätze, die Produktionsäthetik (»Was macht die Künstlerin?«) mit der Rezeptionsästhetik (»Was macht das Publikum?«), der Medialästhetik (»Womit wird es wie gemacht?«) und sogar den erst in jüngerer Zeit ausgearbeiteten Konzeptkunst-Theorien (»Was ist an alledem auf welche Weise begrifflich?«) – die Gestalt des absoluten Wissens, mit der es die Kunst zu tun hat, sagt Hegel,

> ist als *unmittelbar* (das Moment der Endlichkeit der Kunst) einerseits ein Zerfallen in ein Werk von äußerlichem gemeinem Dasein, in das dasselbe produzierende und in das anschauende und verehrende Subjekt; andererseits ist sie die konkrete *Anschauung* und Vorstellung des *an sich* absoluten Geistes als des *Ideals,* – der aus dem subjektiven Geiste geborenen konkreten Gestalt, in welcher die natürliche Unmittelbarkeit nur *Zeichen* der Idee, zu deren Ausdruck so durch den einbildenden Geist verklärt ist, daß die Gestalt sonst nichts anderes an ihr zeigt; – die Gestalt der *Schönheit.*

Eine Tanne ist nicht wahr und kein Wissen, ein Satz über sie kann beides sein. Solche Wahrheit über die Tanne mag eine kunstsinnige Botanikerin als Ideal anstreben und als Zeichnung gestalten, die mag dann auch schön sein, was sie laut Hegel aber nur dann ist, wenn sie auf spezifische Weise (nämlich durch die kunstschaffende Subjektivität, durch objektivierende künstlerische Technik als Sonderung von der Umgebung, als mit dem Bleistift markierte Unterscheidung von Hell und Dunkel usw.) wahr ist.

Hegels Vermutung nun, die Kunst könnte vergänglich sein, kann man sich verständlich machen, indem man sie mit populären Redewendungen wie derjenigen vom »vorwissenschaftlichen Denken« vergleicht. »Vorwissenschaftliches Denken« als Beschreibung dessen, was die Seefahrt über die Bewegung der Gestirne gewusst hat, bevor ihr Galilei und Newton eine neue Methode gezeigt haben, wie man Naturwissen produziert, soll sagen, dass Welterschließungsarten (die Newton'sche zum Beispiel) andere (die von Versuch und Irrtum zum Beispiel) überwältigen können.

Hegel überträgt das auf den Ort der Kunst im Sozialen. Für diese Übertragung spricht unter anderem, dass *kunstintern* Formen auftauchen und verblassen (wir haben heute wenig impressionistische Gegenwartsmalerei, dafür ganz gute Rapperinnen). Hegels Kunsttheorie entstand in Auseinandersetzung mit Überlegungen des Dichters, aber auch Kunsttheoretikers Friedrich Schiller, der die Kunst nicht aus den Gegenständen, von denen sie handelt, herleiten wollte, sondern als Beziehung zu deren Ideal, die bei ihm ein »Spiel« herstellt. Der Anbruch der Moderne, die allerlei Traditionsfesseln gesellschaftlicher Praxis durchtrennt hat und deshalb die Leute zum Durchdringen und Aneignen ihrer (sozialen) Welt zwingt (der Schock, der darin für den »Geist« liegt, das Gesamtbild des gesellschaftlichen Bewusstseins, ist laut Robert B. Brandoms *A Spirit of Trust* das wahre Thema der *Phänomenologie des Geistes*), hat die Formentwicklung dieses »Spiels« in beschleunigte Bewegung versetzt: Stilwechsel, Formkämpfe, Überwindungsgesten machen die jüngere Kunstgeschichte aus.

Nur eine so scharfsinnig-reiche Ästhetik wie die Hegel'sche kann damit überhaupt Schritt halten; eine bloß beschreibende oder normative (»Das macht man halt so beim Malen, sonst ist es keine Kunst.«) ist hoffnungslos abgeschlagen auf dem Weg, der vom Naturalismus über den Impressionismus und den Expressionismus bis hin zur Abstraktion führte.

Ob »die Kunst« allerdings komplett verschwinden muss, wie ihre Formen in ihrem Fortgang verschwinden, ist nicht so ausgemacht, wie Hegel fand.

Denn selbst diese Formen überleben manchmal sehr lange: Es gibt moderne epische Gedichte, sie handeln nur nicht mehr, wie die *Ilias* oder die *Odyssee*, von der Idee »Schicksal« als Versuch, in menschlicher Denk- und Erzählreichweite eine Verbindung zwischen dem individuell Zufälligen und dem universal Gültigen (»Göttlichen«) zu gestalten, sondern zum Beispiel vom Kolonialismus und dem von ihm erzwungenen Zusammenprall verschiedener Darstellungsweisen der Wahrheit (so Derek Walcotts *Omeros*) oder vom Dreieck »Wissen-Können-Dürfen« in Vermittlung gigantischer Technik (so *Aniara* von Harry Martinson).

Das Auslöschungs- und Abschaffungsdenken, das die Verwandlung von Maßgaben nicht nur der Ästhetik als lineare Zeitkurve sieht, verrät denselben Hegel, der dachte, den Katholizismus werde man vielleicht eines Tages ganz los. Diese Schwachstelle seiner Kunstlehre, die ihn Überschreibungen sehen lässt, wo nur Menüs erweitert werden, verschlägt indes nichts daran, dass er klüger war als jede Zusammenfassung seiner Theorie, die nur den linearen Aspekt in ihr sieht.

Hegels Kunstlehre lässt nämlich durchaus den interpretatorischen Spielraum, das »Ende« nicht rein chronologisch aufzufassen, sondern beispielsweise als Grenze, die dann analog der Grenze der Religion aufzufassen wäre, an der sie unwahr wird, weil sie etwas über Dinge behauptet, die nur Wissenschaft klären kann.

Sieht man Kunst als Spiel mit dem Ziel der Nachricht über Haltungen der Erkenntnis und der Praxis, so hat sie ihr Ende da, wo sie Haltungen behauptet, die Erkenntnis und Praxis nicht bewähren können, Haltungen, mit denen sich nichts Menschliches machen lässt, und Haltungen, die Erkenntnis und Praxis für inkommensurabel erklären. So bestimmt, lässt sich fürs Ende der Kunst sogar ein historisches, inzwischen verstrichenes Datum angeben, nämlich das Jahr 1985, als die beiden Kuratoren Jean-François Lyotard und Thierry Chaput alles, was Hegel, Holz und die ihnen Geistesverwandten in Vergangenheit, Gegenwart und Zukunft als Kunst hätten akzeptieren können, im Pariser Centre Pompidou ermordeten. Sie nannten die Übung eine »Ausstellung« und tauften sie auf den Namen *Les Immatériaux*; das Ganze sollte Ausdruck einer angeblichen »Postmoderne« sein, aus der dann zum Glück nichts wurde. Hegel wäre entsetzt hinausgelaufen, aber das heißt nicht, dass er für Ungewohntes und Riskantes keinen Sinn gehabt hätte, im Gegenteil: Ebenso modern wie gescheit empfahl er den Kunstschaffenden, sie sollten nicht vorsätzlich versuchen, Werke für die Ewigkeit zu schaffen – wir lesen heute noch Balzac, und zwar nicht *obwohl* er statt Ewigkeit und Überall lieber seinen besonderen französischen Moment gestaltete, sondern *weil* ihm eben das gelang. Denn, so sagt Hegel, die »bleibende Grundlage« einer Kunstwirkung bilden eben nicht der Stoff oder das Thema, sondern (1, S. 361)

> das Menschliche des Geistes, welches das wahrhaft Bleibende und Mächtige überhaupt ist und seine Wirkung nicht

verfehlen kann, da *diese* Objektivität auch den Gehalt und die Erfüllung unseres eigenen Innern ausmacht.

Eine mathematische Hegelschule?

Wer formale Logik liebt, muss Hegels Logik, die keine formale ist, deshalb noch nicht hassen. Bedeutende Köpfe der formalen Logik wie Gerhard Gentzen und analytische Philosophen ersten Ranges wie Willard Van Orman Quine haben erkannt und begründet, dass und wieso die Unterscheidung zwischen einerseits analytischen Sätzen (solchen, die formal-logisch wahr sein können, weil ihre Schlüsse zwingend aus ihren definierten Voraussetzungen hervorgehen) und andererseits synthetischen (solchen, die faktisch wahr sein können, deren Wahrheit dann aber von Satzinhalten abhängt, die *genausogut unwahr* sein können, nämlich bei anderer Faktenlage) nicht so klar, ewig, absolut und einfach ist, wie diejenigen glauben wollen, die von der Logik sagen, sie sei für analytische Wahrheiten zuständig und für synthetische nicht.

Man kann die Auseinandersetzung zwischen auf der einen Seite verschiedenen Richtungen des Logizismus, die auf jene Unterscheidung bauen, und auf der anderen Seite Leuten wie Gentzen und Quine, die den Wert dieser Unterscheidung anzweifeln, für ein philosophisches Sonntagsproblem halten. In der Wirklichkeit benutzt man Logik ja vor allem als Kompass für mathematische Verfahren und alle Wissenschaften, die auf sie angewiesen sind, zum Beispiel für die Physik. Die wissenschaftlichen und technischen Aufgaben dieser Erkenntniszweige sind derart vielfältig und abstrakt geworden, dass Mathematik selbst zunehmend gezwungen ist, sich systematische Gedanken über diese Vielfalt und Abstraktion zu machen. Ein besonders leistungsfähiges Instrument für dieses Nachdenken über die innere Ordnung der Mathematik ist die sogenannte »Kategorientheorie«. Mit ihr werden mathematische Gegenstände von den Verfahren her verstanden, mit denen man sie herstellen und verändern kann. Die Anwendung dieser Kategorientheorie auf die Logik heißt »Topostheorie«. Einer ihrer Begründer, William F. Lawvere, hat im Jahr 2000 in einer Abhandlung namens *Comments on the Development of Topos Theory* versucht, die allgemeinste Definition dessen zu geben, was Mathematik überhaupt ist und tut – wörtlich heißt es da: »The core of mathematical theories is in the variation of quantities in space and in the emergence of quality within that.« Auf deutsch: »Der Kern mathematischer Theorien besteht in der Variation von Quantitäten im Raum und der daraus sich ergebenden Qualitäten.« Der Gedanke, dass Quantitäten in Qualitäten umschlagen können, ist purer Hegel. Dasselbe kann man von der Grundidee der Kategorientheorie sagen, die darin besteht, mathematische Gegenstände (Zahlen, geometrische Formen) nicht nach dem Dingschema zu behandeln, sondern das zu untersuchen, was man *tut*, wenn man in diesen Begriffen denkt, wenn man eine Wirklichkeitsseite (etwa eine Quantität) in eine andere (etwa eine Qualität) überführt, oder wie die Kategorientheorie sagt: eine Sache auf die andere *abbildet*. Diese von Samuel Eilenberg und Saunders Mac Lane in den 1940er Jahren geschaffene Lehre räumt den mathematischen Tätigkeiten (dem Machen) also den erkenntnistheoretischen wie praktischen Vorrang vor den mathematischen Objekten (den Sachen) ein. Sie untersucht daher Funktionen, Morphismen, Wandlungen, und ihre Grundlagenforschung leitet den eigenen Begriffsapparat, wie Lavwere 2003 geschrieben hat

> von der Praxis durch Vereinheitlichung und Konzentration ab. Anwendungen werden so schließlich von Grundlagen gespeist, die man durch Untersuchung anderer Anwendung älterer Grundlagen gewonnen hat.

Hier scheint ihm Hegel zu soufflieren, der in der *Phänomenologie des Geistes* lehrt:

> Es entsteht dem Bewusstsein also in seinem Werke der Gegensatz des Tuns und des Seins, welcher in den früheren Gestalten des Bewusststeins zugleich der *Anfang* des Tuns war, hier nur *Resultat* ist.

Dergleichen dialektisches Denken führt in der Topostheorie, wie man in einem Aufsatz Lawveres aus dem Jahr 1970 lesen kann, sogar zur Einsicht einer »Einheit der Gegensätze Logik und Geometrie«, was zum Beispiel erlaubt, Existenzaussagen der Logik (»Es gibt ein x«) als topologisch-räumliche zu betrachten, als Quantitäten also, die in einem Denkraum zu Qualitäten werden. Logik zeigt sich als »Sonderfall der Geometrie«.

Ein Idealist, gar ein absoluter, wird Lawvere dabei keine Minute lang. Die Welt, sagt er immer wieder, besteht nicht aus Gedanken, aber anders als in Gedanken kann man über sie halt nicht denken. Je weniger man dabei aber vergisst, dass man sich diese Gedanken machen muss, dass sie nicht von allein geschehen, und je genauer man anschaut, was man wie macht, wenn man das macht, desto wahrer werden die Ergebnisse.

Alle aber, die der Kategorien- und der Topostheorie vorwerfen, bei ihnen sei nur »general abstract nonsense« zu holen, wie eine beliebte Zurückweisung ihrer Methoden sagt, die inzwischen von Leuten, die beide Theorien treiben, auch zur ironischen Selbstermahnung gebraucht wird, täten gut daran, einmal Hegels Text *Wer denkt abstrakt?* von 1807 zu lesen, der ihnen ihre allzu schnell fertigen Urteile in ganz unheimlichem Licht zeigen wird:

Wer denkt abstrakt? Der ungebildete Mensch, nicht der gebildete. Die gute Gesellschaft denkt darum nicht abstrakt, weil es zu leicht ist, weil es zu niedrig ist, niedrig nicht dem äußeren Stande nach, nicht aus einem leeren Vornehmtun, das sich über das wegzusetzen stellt, was es nicht vermag, sondern wegen der inneren Geringheit der Sache. [...] Ich brauche für meinen Satz nur Beispiele anzuführen, von denen Jedermann zugestehen wird, daß sie ihn enthalten. Es wird also ein Mörder zur Richtstätte geführt. Dem gemeinen Volke ist er nichts weiter als ein Mörder. Damen machen vielleicht die Bemerkung, daß er ein kräftiger, schöner, interessanter Mann ist. Jenes Volk findet die Bemerkung entsetzlich: was, ein Mörder schön? wie kann [man] so schlechtdenkend sein und einen Mörder schön nennen; ihr seid auch wohl etwas nicht viel Besseres! Dies ist die Sittenverderbnis, die unter den vornehmen Leuten herrscht, setzt vielleicht der Priester hinzu, der den Grund der Dinge und die Herzen kennt.

Ein Menschenkenner sucht den Gang auf, den die Bildung des Verbrechers genommen, findet in seiner Geschichte schlechte Erziehung, schlechte Familienverhältnisse des Vaters und der Mutter, irgendeine ungeheure Härte bei einem leichteren Vergehen dieses Menschen, die ihn gegen die bürgerliche Ordnung erbitterte, eine erste Rückwirkung dagegen, die ihn daraus vertrieb und es ihm jetzt nur durch Verbrechen sich noch zu erhalten möglich machte. – Es kann wohl Leute geben, die, wenn sie solches hören, sagen werden: der will diesen Mörder entschuldigen! Erinnere ich mich doch, in meiner Jugend einen Bürgermeister klagen gehört [zu haben], daß es die Bücherschreiber zu weit treiben und Christentum und Rechtschaffenheit ganz auszurotten suchen; es habe einer eine Verteidigung des Selbstmordes geschrieben; schrecklich, gar zu schrecklich! – Es ergab sich aus weiterer Nachfrage, daß *Werthers Leiden* verstanden waren.

Dies heißt abstrakt gedacht, in dem Mörder nichts als dies Abstrakte, daß er ein Mörder ist, zu sehen und durch diese einfache Qualität alles übrige menschliche Wesen an ihm [zu] vertilgen. Ganz anders eine feine, empfindsame Leipziger Welt. Sie bestreute und beband das Rad und den Verbrecher, der darauf geflochten war, mit Blumenkränzen. – Dies ist aber wieder die entgegengesetzte Abstraktion. Die Christen mögen wohl Rosenkreuzerei oder vielmehr Kreuzroserei treiben, das Kreuz mit Rosen umwinden. Das Kreuz ist der längst geheiligte Galgen und Rad. Es hat seine einseitige Bedeutung, das Werkzeug entehrender Strafe zu sein, verloren und kennt im Gegenteil die Vorstellung des höchsten Schmerzes und der tiefsten Verwerfung, zusammen mit der freudigsten Wonne und göttlicher Ehre. Hingegen das Leipziger [Kreuz], mit Veilchen und Klatschrosen eingebunden, ist eine Kotzebuesche Versöhnung, eine

Art liederlicher Verträglichkeit der Empfindsamkeit mit dem Schlechten.

Ganz anders hörte ich einst eine gemeine alte Frau, ein Spitalweib, die Abstraktion des Mörders töten und ihn zur Ehre lebendig machen. Das abgeschlagene Haupt war aufs Schaffot gelegt, und es war Sonnenschein; wie doch so schön, sagte sie, Gottes Gnadensonne *Binders* Haupt beglänzt! – Du bist nicht wert, daß dich die Sonne bescheint, sagt man zu einem Wicht, über den man sich erzürnt. Jene Frau sah, daß der Mörderkopf von der Sonne beschienen wurde und es also auch noch wert war. Sie erhob ihn von der Strafe des Schaffots in die Sonnengnade Gottes, brachte nicht durch ihre Veilchen und ihre empfindsame Eitelkeit die Versöhnung zustande, sondern sah in der höheren Sonne ihn zu Gnaden aufgenommen.

Alte, ihre Eier sind faul, sagt die Einkäuferin zur Hökersfrau. Was, entgegnet diese, meine Eier faul? Sie mag mir faul sein! Sie soll mir das von meinen Eiern sagen? Sie? Haben ihren Vater nicht die Läuse an der Landstraße aufgefressen, ist nicht ihre Mutter mit den Franzosen fortgelaufen und ihre Großmutter im Spital gestorben, – schaff sie sich für ihr Flitterhalstuch ein ganzes Hemd an; man weiß wohl, wo sie dies Halstuch und ihre Mützen her hat; wenn die Offiziere nicht wären, war jetzt manche nicht so geputzt, und wenn die gnädigen Frauen mehr auf ihre Haushaltung sähen, säße manche im Stockhause, – flick sie sich nur die Löcher in den Strümpfen! – Kurz, sie läßt keinen guten Faden an ihr. Sie denkt abstrakt und subsumiert sie nach Halstuch, Mütze, Hemd usf. wie nach den Fingern und anderen Partien, auch nach [dem] Vater und der ganzen Sippschaft, ganz allein unter das Verbrechen, daß sie die Eier faul gefunden hat; alles an ihr ist durch und durch mit diesen faulen Eiern gefärbt, dahingegen jene Offiziere, von denen die Hökersfrau sprach – wenn anders, wie sehr zu zweifeln, etwas daran ist –, ganz andere Dinge an ihr zu sehen bekommen mögen.

Die Welt gibt den Geist nicht auf

Friedrich Engels, der Anarchist Michail Bakunin und der Gottsucher Søren Kierkegaard empfingen ihre ersten Hegel-Eindrücke an der alten Wirkungsstätte des Philosophen durch dessen Freund aus Jugendjahren und späten Widersacher Schelling. In jenem Hörsaal hielt Schelling sich auf, weil ihn die Obrigkeit zu dem Zweck dorthin bestellt hatte, dass er Hegels »Drachensaat« vernichte, nämlich eben den »organisierten Widerspruchsgeist«, als dessen Verwirklichung Hegel seine Dialektik im Gespräch mit Goethe erklärt hatte. Seit die Überlieferung der Hegel'schen Denkart in Berliner Hörsälen begann, wurde diese Denkart auf so viele Arten paraphrasiert und gedeutet, dass allein die oberflächliche Aufzählung dieser Arten 100 Bändchen vom Zuschnitt des vorliegenden füllen müsste.

Die Textflut beginnt mit Darstellungen des Hegel'schen Systems, bei denen Einschätzungen und Meinungen hinter Hegels Begriffsnetz zurücktreten sollen (wie bei Vittorio Hösle), geht weiter mit parteilichen Erinnerungen daran, dass Hegel politisch auf Napoleons Seite stand und deshalb vielleicht auch Stalins Partei ergriffen hätte (hierin stimmen interessanterweise der exilrussische Philosoph Alexandre Kojève und der DDR-Dramatiker Peter Hacks überein, die sonst nicht viel verbindet), und endet beim geraden Gegenteil dieser Idee noch lange nicht, nämlich bei der Berufung auf Hegel im Namen »westlicher Werte« zwischen Individualismus und Liberalismus, wie bei Charles Taylor, dessen gewaltige Monographie zum Thema aus dem Jahr 1975 das Erbe Hegels für unentbehrlich erklärt, wo immer »die Suche nach einer situationsbezogenen, bestimmten Subjektivität philosophische Form annimmt« und »das Denken und die Freiheit« auf dem Spiel stehen.

Dieses Spiel kann sehr ernst und blutig werden; es gibt aber auch Verwendungen des Hegel'schen Erbes, auf die das Wort »Spiel« im engsten Wortverständnis angewandt werden kann, etwa wenn der französische Denker Jacques Derrida in dem Buch *Glas* (1974) die Begriffe des deutschen Idealismus in einen Hupfauf der Wortspiele hineindreht, zu denen auch der Einfall zählt, den Namen »Hegel« gleichklangshalber am Wort »aigle« (Adler) zu messen, weil man im Französischen das »H« am Anfang des Philosophennamens nicht ausspricht. Erheblich aufwendiger, in der Herstellung wie für die Rezeption, ist die 1400 Seiten umfassende Hegelfußnote, die der slowenische Happening-Psychoanalytiker Slavoj Žižek 2014 unter dem Titel *Weniger als nichts. Hegel und der Schatten des dialektischen Materialismus* publiziert hat.

Leider wird darin das gewaltige Thema des Untertitels, nämlich die Beziehung der Hegel'schen Gedanken zu ihrer Auslegung durch die kommunistische Bewegung, bombastisch verschenkt. Žižek nämlich begegnet in *Weniger als nichts* den bekannten Attacken gegen Marx und seine Schule, die gewöhnlich in der akademischen, journalistischen und politischen Welt geritten werden, mit ideengeschichtlichen Einlassungen, und das gerade so, als wäre etwa Stalins Politik »in letzter Instanz im Denken begründet«. Sobald nämlich sowjetische Aktivisten »beim Kampf um die Kollektivierung zwischen 1928 und 1933 in eine klassifikatorische Sackgasse gerieten«, weil sich nicht mehr bestimmen ließ, wer auf dem Land Klassenfeind war und wer nicht, wurde laut Žižek umgedacht, und die neuen Begriffe führten dann zu Grausamkeiten. Mit diesem Szenario schließt sich Žižek antikommunistischen Historikern wie Robert Conquest an, die aus dem Marxismus als Idee den Bolschewismus als Katastrophe ableiten wollen, aber der Slowene tut etwas Ähnliches zu dem Zweck, den angeblichen guten Ideenkommunismus vor den bösen Folgen des schlechten Praxiskommunismus zu retten, der wiederum aus schlechtem Ideenkommunismus stammen soll. Übrig bleibt nichts als der gute Wille der tapfer Bewegten: »Die Geschichte des Kommunismus«, schreibt Žižek am Ende des Buches, »ist geprägt durch zwei Jahrtausende gescheiterter radikalegalitärer Rebellionen, seit Spartacus.«

Hier ist kein Spezifikum mehr zu erkennen, das den Kommunismus als moderne statt zeitlose Angelegenheit kennzeichnen würde, und kein Grund, nicht schon mit Moses und den Israeliten in der ägyptischen Sklaverei zu beginnen, oder mit Steinzeitmenschen, die sich von ihrem Hordenboss nicht mehr herumkommandieren lassen wollten, oder gleich bei »radikalegalitären« Koalitionen im Affenreich, wenn sich, was da ja vorkommt, ein paar unzufriedene Tiere gegen ein Alphatier verbünden. Hegels Lebensnerv, eine Sorte Historismus, der menschliches Denken und Tun als etwas auffasst, das nicht gleichbleibt, schon gar nicht 2000 Jahre lang, wird von so einer politischen Predigt, die sich um Geschichte nicht schert, abgeklemmt.

Das Niveau der Predigt wird freilich nicht höher, wenn man, anstatt Hegels Ideengeschichtsmethodik mechanisch auf Stalins Regierungszeit zu übertragen, um gegen deren Marxismus-Leninismus eine zeitlose Gleichheitsreligion zu setzen, lieber das lineare Überschreibungsdenken Hegels zur Zeugenschaft aufruft, um den Zusammenbruch der sozialistischen Staatenwelt zum »Ende der Geschichte« zu erklären.

Diese These trägt das Pamphlet *The End of History and the Last Man* (1992) vor, in dem der amerikanische Politikwissenschaftler und Ökonom Francis Fukuyama Hegels Gedanken übers das Zu-sich-selbst-Kommen des Weltgeists im preußischen Staat auf eine *Pax Americana* überträgt, die den ganzen Planeten umfassen sollte.

Inzwischen erzählt Fukuyama anderes, zum Beispiel, dass wider Erwarten nach dem Untergang der Sowjetunion allerlei Unrecht auf der Welt verblieben sei, sogar in Nordamerika (so 2015 in *Political Order and Political Decay: From the Industrial Revolution to the Present Day*). Überraschender und interessanter als Fukuyamas und Žižeks ideologische Bemühungen sind Versuche, Bewegungen des »Fortschritts im Bewusstsein der Freiheit«, die es zu Hegels oder Marx' Lebzeiten noch nicht oder erst in Ansätzen gab, an Hegels Denken zu messen.

Feministische Hegeldeutungen etwa reichen inzwischen von der blanken Ablehnung einschlägiger, eher altbacken geschlechterstereotyper Äußerungen des Meisters bis zu Arbeiten, die Hegels Idee der wechselseitigen Anerkennung von Menschen als Subjektwerdungsvoraussetzung für den sozialen und politischen Differenzenausgleich produktiv machen wollen. Auf der unnachgiebigen Seite findet man die harsche Abrechnung *Sputiamo su Hegel* (›Lasst uns Hegel anspucken‹

von 1970) der italienischen Sozialistin und Feministin Carla Lonzi: »Die Frauenfrage weckt Zweifel an allem, was der absolute Mann getan und gedacht hat, jener Mann, der kein Bewusstsein von der Frau als einem Menschen hat, der mit ihm auf Augenhöhe steht«. Auf der verhandlungswilligen Seite dagegen bewegt sich Judith Butler, wenn sie sich in *Die Macht der Geschlechternormen* (2009) im Gefolge Jessica Benjamins fragt, ob Hegels Hinweis, jede Situation, in der Anerkennung möglich ist, bringe die Gefahr von deren Negation mit sich, ins Positive zu wenden wäre, weil diese Gefahr geeignet ist, die Aufmerksamkeit der in so eine Situation verwickelten Personen füreinander zu erhöhen.

An Derartiges hat Hegel wohl so wenig je gedacht wie daran, dass man ihn im Westen und Norden der philosophischen Weltgeographie einmal für komplett abgetan halten würde und seine Lehre vom Geist für überholt, von Logizismus, Sprachphilosophie und Neurowissenschaften.

Anderswo, beispielsweise in Japan, wurde und wird diese bei uns über Hegel hinausgedachte Überwindungsbehauptung als nicht zwingend empfunden, sondern als Hypostasierung einer Abfolge von Denkschulen und Forschungsmoden, die nicht so aufeinander hätten folgen müssen und anderswo auch nicht so aufeinander gefolgt sind. In Japan gab es nämlich keinen Wiener Kreis, der die alte Geistesphilosophie durch eine radikale Logisierung und empirische Beglaubigung des Denkens erledigen wollte, sondern eine »Schule von Kyoto«, die im Zentrum der dortigen modernen Philosophie steht.

In den Werken von Denkern namens Hajime Tanabe, Kitaro Nishida und Keiji Nishitani wird die Auseinandersetzung mit westlichem Erbe allerdings nicht vermieden, sondern durchaus auch als Aneignungsarbeit vollzogen. Hegel begegneten diese Leute sowohl mit Zustimmung wie Zurückweisung, in Anverwandlung und Kritik, teils so intensiv, dass der amerikanische Kulturanthoropologe Peter Suares 2011 eine Monographie mit dem Titel *The Kyoto School's Takeover of Hegel. Nishida, Nishitani, and Tanabe Remake the Philosophy of Spirit* veröffentlichen konnte – der Titel bedeutet deutsch: ›Die Eroberung Hegels durch die Kyoto-Schule. Nishida, Nishitani und Tanabe erneuern die Philosophie des Geistes‹.

So exotisch Hegel ihm fernliegende Gegenden wie »Japan« oder »Feminismus« gefunden hätte, so wenig fremd wären ihm einige der jüngsten Erscheinungen des intellektuellen Lebens gewesen, die man wohl als weltweite Rückkehr der Geistesphilosophie in neuen Kontexten betrachten muss. Der Schriftsteller Reza Negarestani hat 2018 ein Buch namens *Intelligence and Spirit* publiziert, das nicht so tut, als hätte es den Neopositivismus und die Fortschritte der Kognitionswissenschaften nie gegeben, aber dafür versucht, sie in den Dienst des ehrgeizigen Projekts zu stellen, den alten philosophischen Gegenstand »Geist« neu zu konstituieren. Im deutschen Sprachraum führt man unterdessen den Weg von Fichte zu Hegel über Letzteren hinaus fort, so etwa Sebastian Rödl im Buch *Selbstbewusstsein und Objektivität: Eine Einführung in den absoluten Idealismus* (2019): »Wenn wir das, was ein Subjekt denkt, das Objekt seines Denkens nennen, können wir sagen: Denken ist objektiv, da seine Geltung allein von seinem Objekt abhängt und von seinem Subjekt unabhängig ist.«

Solche Wiederaufführungen des Klassischen stehen heute in einer Front mit dem brillanten Rekonstruktionsversuch der *Phänomenologie des Geistes*, den Robert B. Brandom mit

A Spirit of Trust (2019) riskiert hat, aber auch mit Ansätzen der Forsetzung übers Gesicherte hinaus wie Reza Negarestanis *Intelligence and Spirit* (2018) und Ergebnissen weitläufigerer Verwandtschaft wie den philosophisch orientierten Science-Fiction-Romanen *Postsingular* (2007) und *Hylozoic* (2009), die sich mit Veränderungen der Begriffslandschaft auseinandersetzen, welche das Denken vornehmen muss, wenn Dinge und Sachverhalte durch weit fortgeschrittene Informations- und Kommunikationstechnik Eigenschaften bekommen, die man früher »geistig« genannt hätte. Bei diesen beiden faszinierenden Büchern ist das Wort von der »Verwandtschaft« mit Hegel übrigens buchstäblich zu nehmen: Verfasst hat sie nämlich der Rudy Rucker, den ich schon im ersten Kapitel dieses Büchleins vorgestellt habe, tatsächlich ein biologischer Ur-Ur-Ur-Enkel Hegels.

Das absolute Wissenwollen

Fülle, Binnenkomplexität und Wirkung von Hegels Schaffen verbieten jedes Fazit. Klarer als vor Beginn der Niederschrift dieses Büchleins ist mir persönlich jetzt immerhin, dass der Unterschied zwischen einerseits der Welt der Ursachen und Wirkungen eines Naturvorgangs und andererseits der Voraussetzungen und Folgerungen einer Denkleistung, ein Unterschied, den der Philosoph Wilfrid Sellars für ein Hauptthema der Philosophie hielt, wohl darin liegt, dass eine Ursache auch ohne Beteiligung eines verständigen Wesens ihre Wirkung hat, während einen gedanklichen Schluss jemand willentlich und wissentlich ziehen muss. Ich bin Materialist: Denken ist mir Arbeit, Naturgeschichte nicht. Aber dass ich dialektischer

Hegels Grab auf dem Dorotheenstädtischen Friedhof in Berlin-Mitte

Materialist sein darf, der Sprünge von Quantität zu Qualität erkennt, Umschlag von Gegensätzen ineinander, Negation und Vermittlung, wo sie in Natur- und Menschengeschichte vorkommen, verdanke ich Hegel.

Bei der Arbeit, die man Denken nennt, können philosophische Systeme, Religionen und Ideologien entstehen, deren Zweck oder zumindest Gebrauchswert leider oft darin besteht, denen, die sich davon überzeugen lassen, weitere Denkarbeit zu ersparen. Ich muss nicht mehr grübeln, wenn in einer Heiligen Schrift schon alles steht. Hegel funktioniert anders. Wer ihn nicht weiterdenkt, versteht ihn nicht. Sein historisches Bild vom Geist beruhigt sich bei keinem unangreifbaren Anfang und keinem garantierten Schluss, er ist die Spannung zwischen beiden.

Da er dachte, alles sei Denken, sollte das Ziel seiner Arbeit sein, dass dieses Denken das weiß: ein erwachtes Universum. Mir scheint dieses Ziel nicht erreicht, solange noch irgendwo ein für sich vereinzeltes Bewusstein denkt, dass es nicht alles weiß. Der Mensch, der hier gerade diesen Text schreibt, denkt das von sich. Er hat den Verdacht, dass jedes Bewusstsein, das diesen Text je lesen dürfte, auch nicht alles wissen wird. Wenn man als Maß des absoluten Geistes die Definition aus der altindischen Schrift *Bhagavad Gita* nimmt, die sagt, wahres Bewusstsein sei nur dort gegeben, wo man »das Leiden jedes einzelnen Wesens kennt«, ist wahres Bewusstsein sehr unwahrscheinlich.

Näher als eine Gelehrsamkeit, die Hegel deuten oder weiterspinnen will, mag diesem Zustand das Kind sein, das vermeidet, auf eine Schnecke zu treten; nicht, weil es Strafe fürchtet, sondern weil es zwischen dem vermuteten Schmerz des Tieres und dem eigenen nicht stärker unterscheidet als Hegel zwischen dem individuell »verkörperten Bewusstsein« (Taylor) und dem Geist.

Hegel dachte, das Lernen sei begleitet und erleichtert vom Versinken des Irrtums, etwa der Fetischbeterei, des mechanischen Denkens oder des platten Reduktionismus. Sie sind alle noch da. Aber das ist nicht das Ende.

Hegel sehnte sich danach, das seinem Denken Widerliche zu beseitigen, aber er hat es nie vorschnell und flach weggeredet oder gar ignoriert. Die Kraft seiner Philosophie rührt daher, dass sie gerade das für voll nimmt, was ihr widerstrebt.

Falls wir klug sind, folgen wir ihr darin.

Meine liebsten Hegelwegweiser – Tipps zum Weiterlesen

Brandom, Robert B.: Tales of the Mighty Dead. Cambridge 2002.

Gethmann-Seifert, Annemarie: Die Funktion der Kunst in der Geschichte. Untersuchungen zu Hegels Ästhetik. Hamburg 2016.

Holz, Hans Heinz: Einheit und Widerspruch. Problemgeschichte der Dialektik in der Neuzeit. 3 Bde. Stuttgart 1997.

Lenin, Waldimir Ilyitsch: Drei Quellen und drei Bestandteile des Marxismus. Berlin 1981.

Losurdo, Domenico: Hegel und die Freiheit der Modernen. Frankfurt 2000.

– Von Hegel zu Hitler. Geschichte und Kritik eines Zerrbildes. Köln 2014.

Stekeler, Pirmin: Hegels Phänomenologie des Geistes. Ein dialogischer Kommentar. Hamburg 2014 ff.

– Hegels Wissenschaft der Logik. Ein dialogischer Kommentar. Hamburg 2020 ff.

Textnachweise

Wie man zum Geist findet oder: Der Sinn in Hegels Unsinn

3 Adorno, S. 158. | **4** Heidegger, S. 6. | **6** *Phänomenologie*, S. 274. | **10** *Enzyklopädie*, § 275. | **14** Stove, S. 203. | **20** *Philosophie der Geschichte*, S. 542. | **21** MEW 8, S. 115. | **21** *Philosophie der Geschichte*, S. 61. | **21** Ebd., S. 40. | **26** *Phänomenologie*, S. 602. | **28** Schernikau, S. 34.

Wie man den Geist lebt oder: Hegels Biographie in Begriffen

37 *Reformbill*, S. 86 f. | **38** Ebd., S. 88 f. | **39** Fischer, S. 176. | **39** Hölderlin, S. 88. | **43** *Phänomenologie*, S. 455 f. | **44** *Systemprogramm*, S. 236. | **45** *Briefe*, S. 23. | **51** Fichte, S. 96. | **52** Schelling, S. 11. | **56** *Briefe*, S. 19. | **57** Vgl. Spinoza, S. 436 f., 450–453. | **59** *Briefe*, S. 69. | **62** Ebd., S. 119. | **66** Goethe, S. 336 f.

Was aus dem Geist folgt oder: Hegels widersprüchliche Wirkung

69 MEW 38, S. 203 f. | **73** Marx, S. 47 f. | **72** Ebd., S. 49. | **73** Engels, S. 97. | **75** *Philosophie der Kunst*, S. 81. | **78** *Ästhetik*, S. 396. | **79** *Enzyklopädie*, § 556. | **83** *Ästhetik*, S. 391. | **84** Lawvere 2000, S. 716. | **85** Lawvere 2003, S. 213. | **85** *Phänomenologie*, S. 315. | **85** Lawvere 1970, S. 329. | **88 f.** *Wer denkt abstrakt*, S. 402–405. | **90** Taylor, S. 749. | **91** Žižek, S. 105. | **91** Ebd., S. 1373 f. | **92** *Philosophie der Geschichte*, S. 61. | **93** Lonzi, S. 275. | **94** Rödl, S. 17.

Hegels Werke

Briefe von und an Hegel. Hrsg. von Johannes Hoffmeister. Bd. 1: 1785–1812. Hamburg 2017.
Das älteste Systemprogramm des deutschen Idealismus. In: G. W. F. H.: Werke. Bd. 1. Frankfurt a. M. 1979. S. 234–237.
Enzyklopädie der philosophischen Wissenschaften. In: G. W. F. H.: Gesammelte Werke. Hrsg. von Wolfgang Bonsiepen / Reinhard Heede. Bd. 20. Hamburg: Meiner, 1992.
Phänomenologie des Geistes. Mit einem Nachw. von Georg W. Bertram. Stuttgart ^{2}2020.
Über die englische Reformbill. In: G. W. F. H.: Werke. Bd. 11. Frankfurt a. M. 1979.
Vorlesungen über die Ästhetik. Erster und zweiter Teil. Stuttgart 1971.
Vorlesungen über die Philosophie der Geschichte. Stuttgart 1961.
Vorlesungen über die Philosophie der Kunst. Hamburg 2003.
Wer denkt abstrakt? In: G. W. F. H.: Werke. Bd. 17. Berlin 1835. S. 400–405.

Weitere Literatur

Adorno, Theodor W.: Negative Dialektik. Frankfurt a. M. 1966.
Bertram, Georg W.: Hegels »Phänomenologie des Geistes«. Ein systematischer Kommentar. Stuttgart 2017.
Engels, Friedrich: Engels an Franz Mehring. Brief vom 14. Juli 1893. In: F. E.: Werke. Bd. 39. Berlin 1968. S. 96–101.
Fichte, Johann Gottlieb: Sämmtliche Werke. Bd. 1. Berlin 1845.
Fischer, Kuno: Hegels Leben, Werke und Lehre. Bd. 1. Darmstadt 1963.
Goethe, Johann Wolfgang: West-östlicher Divan. Hrsg. von Michael Knaupp. Stuttgart 1999.
Heidegger, Martin: Hegel. Frankfurt a. M. 1993.

Hölderlin, Friedrich: Gedichte. Hrsg. von Gerhard Kurz. Stuttgart 2015.

Lawvere, Francis William: Quantifiers and Sheaves. In: Actes du Congrès international des Mathematiciens. Bd. 1. Nizza 1970. S. 329–334.

– Comments on the Development of Topos Theory. In: Jean-Paul Pier (Hrsg.): Development of Mathematics 1950–2000. Basel [u. a.] 2000. S. 715–734.

– Foundations and Applications. Axiomatization and Education. In: Bulletin of Symbolic Logic 92 (2003) S. 213–224.

Lonzi, Carla: Let's spit on Hegel. In: Patricia Jagentowicz Mills: Feminist Interpretations of G. W. F. Hegel. Pennsylvania 1966.

Marx, Karl: [Thesen über Feuerbach]. In: K. M.: Philosophische und ökonomische Schriften. Hrsg. von Johannes Rohbeck / Peggy H. Breitenstein. Stuttgart 2008.

– / Engels, Friedrich: Werke. Berlin 1972.

Rödl, Sebastian: Selbstbewusstsein und Objektivität. Eine Einführung in den absoluten Idealismus. Berlin 2019.

Schelling, Friedrich Wilhelm Joseph: Aphorismen über die Naturphilosophie. Hamburg 2018.

Schernikau, Ronald M.: die tage in l. Hamburg 2001.

Spinoza: Die Ethik. Lat./Dt. Stuttgart 1977.

Stove, David: What Is Wrong With Our Thoughts? A Neo-Positivist Credo. In: D. S.: The Plato Cult and Other Philosophical Follies. Oxford [u. a.] 1991. S. 179–206.

Taylor, Charles: Hegel. Übers. von Gerhard Fehn. Cambridge 1993.

Žižek, Slavoj: Weniger als nichts. Hegel und der Schatten des dialektischen Materialismus. Berlin 2014.